KB140966

배민 리뷰 사장님 댓글 이렇게 달아라

배민 리뷰 사장님 댓글 이렇게 달아라

펴낸날 2021년 8월 10일 1판 1쇄
2023년 3월 10일 1판 2쇄

지은이 김종원
펴낸이 정병철
펴낸곳 도서출판 휴먼하우스

등 록 2004년 12월 17일(제313-2004-000289호)
주 소 서울시 마포구 토정로 222 한국출판콘텐츠센터 420호
전 화 02)324-4578
팩 스 02)324-4560
이메일 humanpub@hanmail.net

ISBN 979-11-85455-22-8 03320

매출을 올리고 단골을 만드는
배달의민족 댓글 마케팅

배민 리뷰
사장님 댓글
이렇게 달아라

★ 김종원 지음

들어가는 말

사장님 댓글은 배달 전쟁터의 비밀병기

한순간에 코로나가 온 세상을 바꾸어버렸다. 음식점도 이제는 배달을 해야만 살아남는 시대로 변했다. 홀 영업만 고집하던 음식점은 울며 겨자 먹기로 배달에 뛰어들고 있다. 하지만 뒤늦게 배달 시장에 뛰어든 업체가 배달의 정글 속에서 살아남는 것은 총탄이 빗발치는 전쟁터에서 살아남는 것만큼 힘들다.

코로나19 팬데믹이 터지기 직전 2020년 1월, 처음 배달 시장에 뛰어들었을 때, 신세계를 맛보는 느낌이었다. 오프라인 홀 매장과는 완전히 다른 세상, 조그만 배달 실수에도 바로 악성 리뷰가 달리고 '맛있어요', '맛없어요' 하는 손님의 리뷰와 평점 테러에 정신이 혼미했다. 배달 음식점 사장을 가장 고통스럽게 만드는 것이 바로 고객의 악성 리뷰, 리뷰 갑질이다.

리뷰와 별점을 갑질의 수단으로 악용하는 고객의 횡포로 배달 음식점 사장들은 심한 고통을 받고 있다. 배달 음식점에서 무소불위의 힘을 가진 것이 고객들의 리뷰다. 그중에서 불만 리뷰의 위력은 너무나 큰 힘을 발휘한다. 심한 불만 리뷰 서너 개가 연거푸 올라오면 순식간에 매출이 추락하고 급기야 식당은 폐업에 내몰릴 수도 있다.

리뷰가 좋고 평점이 좋아야 손님들은 일단 믿고 주문을 한다. 비록 리뷰 서비스를 받고 작성한 리뷰일지라도 먼저 먹어본 사람의 후기가 좋아야 손님들은 주문을 결정한다. 어떤 유명한 음식점이 비싼 광고비를 많이 들여서 광고를 한다 해도 리뷰가 형편없다면 주문할 사람이 있을까. 찜 수가 수천 개가 되는 식당이라 해도 최근의 리뷰와 평점이 안 좋으면 손님들은 주문하지 않는다.

나이가 젊고 컴퓨터를 잘 다루는 음식점 사장이라면 몰라도 나이가 많고 IT 기기 다루는 것에 익숙지 않은 오륙십대 사장들은 배달 음식점 운영에 고민이 많다. 가장 큰 고민이 불만 리뷰에 대한 대응이다. 고객의 불만 리뷰에 적절한 대응을 못 해 매출이 추락해도 속수무책으로 손을 놓아버리곤 한다.

요즘 배달 음식점 리뷰 갑질이 사회문제가 되고 있다. 조금만 음식이 마음에 안 들어도 악성 리뷰나 평점 테러를 하는 고객의 리뷰 갑질이 연일 뉴스에 오르내리고 있다. 자영업 커뮤니티 게시판에는 악성 리뷰와 평점 테러 때문에 죽고 싶을 정도로 괴롭다는 배달 음식점 업주들의 하소연이 하루에도 대여섯 건씩 올라온다. 배달 식당 사장들은 장사가 안되는 것보다 리뷰 갑질이 더 고통스럽다고 한다.

친한 사장님이 '사장님 댓글'을 어떻게 달면 되겠냐고 몇 번 도움을 요청한 적이 있었다. 뒤늦게 배달업에 뛰어든 나이 많은 그 사장님은 악성 리뷰가 올라오면 쩔쩔맸다. "웬만하면 이런 리뷰 안 다는데 못 먹고 버렸어요. 이것도 음식인가요. 정말 최악." 이런 불만 리뷰에 얼굴이 하얗게 질린 사장님을 보니 안 쓰러웠다. 그 리뷰에 "많은 사람의 정성이 담긴 음식에 대해서 웬만하면 이런 리뷰 자제 부탁드립니다."라고 댓글을 달았더니 금방 악성 리뷰가 삭제된 일이 있었다. 사장님 댓글의 위력을 느낀 신기한 경험이었다. 이 일을 계기로 배달 음식점 '사장님 댓글 지침서'가 절실하게 필요하다고 느꼈다. 배달 전쟁터에서 살아남으려면 사장님 댓글이라는 무기로 무장하고 뛰어들어야 한다는 생각이 들었다.

이 책이 배달 전쟁에 준비 없이 무작정 뛰어든 식당 사장님들께 실질적인 도움이 되리라 믿는다. 상황별로 세세한 실제 사례와 함께 담아낸 사장님 댓글은 배달 음식점을 운영하는 사장님들에게 많은 도움이 될 것이다. 이 지침서가 불만 리뷰를 막아내는 방패로 잘 쓰이길 바란다. 펜은 칼보다 강하듯 사장님 댓글도 칼보다 강하다!

자영업자들은 코로나 전쟁터 최일선에서 백척간두에 선 것만큼 힘들게 싸우고 있다. 몇 번이나 쓰러져도 불굴의 의지로 다시 일어나는 이 땅의 모든 자영업자들께 경의를 표한다.

차례

사장님 댓글 달기의 비법

불만 고객을 단골로 만드는 사장님 댓글

배달의 정글에서 살아남기

사장님 댓글은
배달 음식점의 비밀 무기

'사장님 댓글'은 왜 달아야 할까?

이제 막 배달 시장에 뛰어든 배달 음식점에서 가장 중요한 건 뭘까? 그건 바로 고객의 리뷰다!

리뷰는 배달 음식점의 생명이자 꽃이다. 맛있고 가성비도 좋은 최고의 음식점이라고 입소문을 내주는 건 바로 음식을 먹어본 고객의 리뷰 한 줄이다. 고객의 리뷰가 배달 음식점의 운명을 쥐고 있다고 해도 과언이 아니다.

배달 음식점 업주들은 온갖 불만 리뷰나 악성 리뷰에 시달린다. 심지어 리뷰 공포증까지 생길 정도라고 한다. 리뷰 한 줄에

웃고 위로받기도 하지만 악성 리뷰로 인해 화병과 우울증에 걸리기도 한다.

배달 식당 업주들이 가장 힘들어하는 것이 리뷰 스트레스다. 리뷰 자체만으로도 스트레스인데 '악성 리뷰'와 '평점 테러'는 그야말로 지옥이라고 하는 업주들도 많다. 고객의 악성 리뷰 한 줄 때문에 잠도 못 자고 우울증에 시달리는 사장님들도 있다. 장사하기도 바쁜데 리뷰까지 신경 쓰려니 리뷰 스트레스가 이만저만이 아니다. 고객의 리뷰에 댓글을 일일이 달아주는 것도 쉬운 일이 아니다.

이렇게 골치 아픈 '사장님 댓글'이라면 아예 안 다는 게 더 낫지 않을까? 사장님 댓글은 왜 달아야만 할까?

리뷰와 평점이 매출을 좌우하기 때문이다

주문에 가장 영향을 크게 미치는 것은 바로 고객의 리뷰다. 신규 고객들이 주문할 때 리뷰, 가격, 배달료, 쿠폰, 별점, 리뷰 수, 리뷰 이벤트 등을 따져보고 주문을 하는데 여기에서 가장 중요한 것은 리뷰다. 먼저 먹어본 사람이 쓴, 맛있다는 한 줄

평이라도 있어야 안심하고 주문을 하게 된다. 고객이 쓴 리뷰 한 줄은 매출을 올리기도 하고 추락시키기도 한다.

아침에 일어났는데 밤새 악성 리뷰가 올라와 있으면 배달 식당 사장들은 그야말로 평정심을 유지할 수가 없다. 악성 리뷰와 평점 테러 한 줄에 그날의 배달 매출이 대추락 하기 때문에 절대로 악성 리뷰를 무시할 수가 없다. 갑자기 평소보다 주문이 안 들어온다 싶으면, 영락없이 리뷰 게시판에는 악성 리뷰가 올라온 경우가 많다.

주문에서 가장 중요한 것이 바로 리뷰다. 리뷰에 달린 '사장님 댓글'을 고객들은 리뷰와 같이 읽게 마련이다. 그 때문에 사장님 댓글도 아주 중요하다. 악성 리뷰와 평점 테러에 대응하기 위해서라도 사장님 댓글을 달아야 한다.

감정과 기분에 솔직한 젊은이들, 2030이 주 고객이다

코로나 이후 외식업의 환경이 완전히 달라졌다. 언택트 시대, 뉴노멀 시대라고 하는데 배달업이 외식업의 대세가 된 지 오래다. 배달 시장에서 살아남기 위해서는 주 고객층의 성향에 대해서 잘 알고 있어야 한다. 지피지기면 백전백승이라고 했다. 배달 음식점의 주 고객은 20대와 30대다. 배달을 주로 이용하는 젊은 세대는 스마트폰을 능숙하게 다루기 때문에 배달앱 이용자가 많다.

2030 세대는 재미와 즐거움을 추구하는 세대다. 음식 먹는 즐거움을 망치는 일, 즉 맛이 없는 걸 못 참는 편이다. 맛없으면 맛없다, 솔직하고 직설적으로 말한다. 불편한 것을 용납하지 않는 프로불편러들이 많다. 조금이라도 불만이 있다면 바로 불만 리뷰를 올린다. 식당 주인에게 피해가 가건 말건 전혀 배려하지 않고 직설적으로 리뷰를 올린다.

2030은 식당을 별점으로 평가하는 배달앱 리뷰 달기를 게임이나 놀이처럼 즐긴다. 배달앱에서는 닉네임을 고객 마음대로 바꿀 수 있기 때문에 익명성 뒤에서 식당의 음식 맛을 평가하는 걸 즐긴다.

배달앱 리뷰 시스템은 고객에게 음식 맛과 서비스 등을 평가한다는 우월감과 재미를 맛보게 해준다.

'배달의민족' 리뷰 게시판은 서체와 디자인, 캐릭터 아이콘이 젊은이들 취향이다. 특히 톡톡 튀는 개성 있는 닉네임은 배달의민족의 매력이다. 먹는 게 남는다, 맛있으면 울리는 사이

렌, 맛있으면 짖는 개, 야식 먹기 위해 돈 버는 사람, 프로 배민러, 마구 먹자, 후르르짭짭, 온달부인, 최강 귀요미, 방구뿡, 안면비대칭, 배고파용용, 마라탕 처돌이, 나는야 돼지, 맛있으면 야옹함, 등등 기발하고 재미있는 닉네임이 많은데 닉네임은 싫증 나면 언제든지 바꿀 수 있다. 배달의민족은 재미를 추구하는 젊은이들의 취향에 가장 잘 맞아떨어지는 배달앱이다.

젊은 고객들은 개인주의적이면서도 인정이나 관심, 소통을 원한다. 2030 고객들도 자신이 단 리뷰에 아무 반응이 없는 식당보다 사장님 댓글이 바로 달리는 식당을 선호한다. 이러한 고객층의 특징을 알고 사장님 댓글로 적극적으로 소통하면서 젊은 고객들의 마음을 잡도록 노력해야 한다. 최소한 감사의 인사 댓글을 간단하게라도 달아주는 것도 소통이다.

불만 리뷰는 모든 잠재 고객이 보고 있다

프로 배달러 >

★★★★★

맛은 그럭저럭입니다.
사진 보셨겠지만 포장이 다 터져서 전화 드렸는데
물론 배달 기사 잘못도 있긴 하겠지요.
하지만 일단 사과부터 먼저 하셔야 하는 것 아닙니까?
기분도 나쁘고 음식 먹을 맛이 떨어져 다 버렸습니다.

위와 같은 불만 고객의 리뷰가 게시되면 리뷰 당사자만 사장님 댓글을 보는 게 아니다. 모든 잠재 고객들이 보고 있다는 것을 염두에 두고 사장님 댓글을 달아야 한다. 불만 리뷰에 대응하는 사장님 댓글이 감정적이면 고객들의 마음도 떠날 수 있다는 것을 명심해야 한다. 사장님 댓글도 업소 평가 항목 중의 하나라고 할 수 있다.

불만 리뷰에 답글을 달기 싫고 화가 나도 잠재 고객들을 위해 정중하고 품위 있게 사장님 댓글을 다는 것이 좋다. 고객들은 불만 리뷰나 악성 리뷰에 사장님 사실 해명 댓글이 안 달려 있으면 불만 고객의 악성 리뷰를 사실로 믿어버릴 수도 있다.

불만 리뷰에 적절한 사장님 댓글이 달리면 고객의 오해를 풀 수가 있고 신규 고객들의 이탈도 막을 수 있다.

신규 고객들은 리뷰와 평점을 보고 주문을 결정한다

평점이 높고 리뷰가 좋은 식당이라야 고객들에게 선택을 받을 수 있다. 신규 고객들이 주문할 때의 기준이 바로 평점과 리뷰다. 처음 가게를 방문했는데 평점이 안 좋고 악성 리뷰가 줄줄이 달려 있는데 주문할 고객은 아무도 없다. 손님의 리뷰에 그때그때 좋은 댓글을 달아준다면 좋은 평점과 좋은 리뷰가 달릴 가능성이 커진다. 어떤 고객들은 일부러 별점 낮은 순으로 리뷰를 보고 안 좋은 리뷰가 너무 많으면 주문을 포기한다. 특히 보기 좋은 사진 리뷰가 많이 올라와 있으면 없던 식욕이 생겨 주문하는 때도 있다.

사장님 댓글은 악성 리뷰와 평점 테러를 막는 최고의 방패다

악성 리뷰나 불만 리뷰를 올린 고객이 오해하고 있거나 잘못 알고 있었다는 것을 적극적으로 해명해야 식당이 억울하게 피해를 보는 일을 막을 수 있다. 맛도 없고 형편없는 음식을 만드는 식당이란 소문이 안 퍼져나가도록 사장님 댓글로 막아야 한다. 고객의 오해에는 적극적으로 해명하고 식당 측의 실수는 솔직하게 인정하고 더 나은 모습을 보여주겠다는 자세를 보여야 고객들은 그 식당을 신뢰한다.

악성 리뷰에도 품위 있는 댓글을 단 사장님 댓글 때문에 일부러 주문하는 고객들도 있다. 악성 리뷰에 동요하지 않고 지혜롭게 대처하는 사장이 만든 음식이라면 음식도 괜찮을 것이란 신뢰감을 준다. 악성 리뷰와 불만 리뷰가 달려도 고객들이 돌아서지 않도록 막는 것이 바로 좋은 사장님 댓글의 힘이다.

실수에 잘 대처하는 사장님 댓글이 단골을 만든다

고객의 항의 리뷰, 불만 리뷰, 항의 전화를 받으면 화도 나고 당황하게 되지만 감정부터 잘 조절해야 한다. 식당 측의 실수를 솔직하게 인정하고 사과하고 적절한 서비스를 한다면 불만 고객의 마음도 되돌릴 수 있다. 고객의 불만 리뷰에 진심으로 사과하고 다음에는 더 나은 모습을 보여주겠다는 해결 의지를 보여준다면 불만을 가졌던 고객의 마음을 되돌리고 오히려 단골로 만들 수가 있다.

아래는 불만 고객의 리뷰에 대응한 사장님 댓글 예시다.

배달의 공주 >

★★★★★

전에 먹고 맛있어서 세 번째로 시켜 먹었는데 실망했어요.
상추 먹다가 저렇게 벌레 붙어있어서 나머지 야채들은 그냥 버렸고
김치찌개에도 예전이랑 다르게 고기가 적게 들어있더라구요.
삼겹살도 절반 정도의 고기에 오돌뼈가 붙어있을 정도로 딱딱해서
먹기 불편했어요.
가성비 좋고 맛있는 데라고 생각했는데 아주 실망스럽네요.

사장님

배달의 공주님, 또 와주셨네요.
주문 감사드립니다.
맛난 식사를 기대하고 주문하셨는데
식사에 불편을 끼쳐 정말 죄송합니다.
매번 오실 때마다 응원해주시는 따스한 말씀에
큰 힘을 얻곤 합니다.
고객님의 질책 달게 받고 더 나아지는 모습 보여드리는 식당이 되겠습니다. 소중한 말씀 새겨듣고 주방 직원 더 정신 바짝 차리고 일하도록 교육 잘하겠습니다.
삼겹살이라서 부위 특성상 오돌뼈가 있는 쪽도 있는데 다음 주문 시 요청 사항에 오돌뼈 없는 쪽 원하신다고 남겨주시면 꼭 반영해드릴게요.
가성비 좋고 맛 좋은 식당이란 명성에 걸맞게
더 분발하고 정성을 다하겠습니다.
주말 행복하게 보내시고 항상 건강하세요.
감사드립니다.

상추에 날파리가 붙어있는 사진 리뷰를 올린 고객이 있었다. 아주 좋은 리뷰를 써주던 고객이었는데 상추에 붙은 벌레 때문에 이런 불만 리뷰를 올린 것이다. 진솔하게 진심을 담아 사과를 했더니 보름 뒤부터 다시 방문했다. 지금도 꾸준한 단골로 우리 가게를 방문하고 있다. 손님에게 진심 어린 사과를 하면 불만 고객도 단골로 다시 만들 수 있다.

사장님 댓글은 식당 광고와 마케팅의 좋은 기회다

새로운 메뉴가 출시되면 사장님 댓글을 홍보 게시판으로 사용하자. 업주의 남다른 음식 철학을 고객에게 알리는 마당으로 리뷰 게시판을 활용할 수도 있다. 특별한 음식 철학을 가진 가게라는 점을 어필하면 손님에게 좋은 인상을 줄 수 있다.

배달 입점 가게의 찜 수가 500~1000개 정도 쌓이면 이 찜을 활용해 다른 신규 샵인샵 가게의 입점을 홍보할 수 있다. 주문하러 들어온 고객이 다른 새 배달 음식점(샵인샵)을 오픈했다는 소식을 사장님 댓글에서 보게 되면 홍보 효과가 높아진다. 기존에 찜한 고객들이 쉽게 신규 식당으로 유입되기 때문에 초기 홍보를 손쉽게 할 수 있다는 장점이 있다.

◇ 새로운 샵인샵 배달 식당 홍보 리뷰의 예시 ◇

사장님

밥도둑님, 행복한 추석 즐거운 추석 잘 보내셨나요.
행복을 차려드리는 밥상 고기 왕창 김치찌개 꼬들 삼겹 방문을 대박 환영합니다. 맛나게 드시고 멋진 사진 리뷰로 응원해주셔서 감사드립니다.
다음에 오실 때에도 행복하고 맛난 밥상 차려드릴 수 있도록 더 정성을 다하겠습니다.
고객님 보쌈 좋아하시면 보쌈 맛집 랭킹 1위 백년보쌈 강추합니다.
야들야들하고 부드러운 흑돼지 보쌈에
금방 담은 보쌈김치 싸서 한점 하시면 그 맛은 말이죠,
천국의 맛이라 극찬하신 고객님도 계시답니다.^^
배민 검색창에서 백년보쌈 검색하시고 들어오세요.
고객님 깊어가는 가을 더 행복하게 보내시고
조만간 또 뵈어요. 항상 감사드려요^^

악성 리뷰에도 품격 있게 대응하는 사장님 댓글은 고객의 마음을 얻는다

진짜 배달 최악이네!!!!
배달비도 비싼데 배달이 40분이나 늦었어요.
음식이 다 식어 못 먹고 버렸어요.
고기는 너무 딱딱하고 질겨서 먹을 수가 없네요.
이따위 쓰레기 같은 음식 먹자고
내 피 같은 돈으로 배달시킨 줄 알아요?
다시는 이 집 안 시킵니다.

정성 들여 만든 음식을 쓰레기 같다고 한 고객의 리뷰를 보면 머리끝까지 분노가 치미는 건 당연하다. 하지만 순간의 분노를 이기지 못해 고객의 리뷰에 감정적인 댓글을 달아서는 절대로 안 된다.

사장님

배달부엉이님, 정말 죄송합니다.
소중한 우리 고객님의 식사를 따뜻하게 보내드렸어야 했는데 배달이 늦어진 점 진심으로 사과드립니다.
어제는 폭우가 쏟아져 일찍 퇴근하신 대행업체 기사님들이 많아 배달이 평소보다 많이 지연되었습니다.
평소보다 배달 속도를 내지 못해 배달이 많이 늦어 식사에 많은 불편을 드렸군요.
고객님 마음 많이 상하게 해드려 너무 죄송합니다.
다음에는 늦지 않도록
최대한 빨리 배달해드리겠습니다.
늘 편안하고 행복한 날 되십시오. 감사합니다.

새로운 고객들은 주문하기 전에 좋은 리뷰도 보지만 평점이 가장 낮은 리뷰부터 먼저 보기도 한다. 이 집 음식이 진짜 믿고 먹을 만한 음식인지 확인해보고 주문하기 위해서다.

평점 테러를 한 악의적인 리뷰에 감정을 내보이지 않고 원리원칙대로 사과할 건 사과하고 인정할 부분은 인정하고 해명할 건 해명한 사장님 댓글을 보면 그 식당에 대한 믿음이 생긴다.

보통 사람이라면 엄청 화를 낼 악성 리뷰에도 차분하게 감정을 가라앉히고 침착하게 대응을 한 사장의 댓글을 보면 이런 사장이 만든 음식이라면 믿고 먹을 만하다는 생각이 든다.

악성 리뷰에 대해 사장님 댓글로 잘 대처하면 식당에 대한 이미지를 더 좋게 만들 수도 있다.

어떤 악성 리뷰에도 동요하지 않고 정중하게 대응하는 것이 가게를 살리는 지름길이다.

사장님 댓글은 단골 관리의 가장 효과적인 방법이다

배달 식당은 단골의 얼굴을 알 수가 없다. 단골은 주인이 자기를 알아봐주고 관심을 보여주는 걸 좋아한다. 다른 가게들보다 맛이 뛰어나게 좋다면 주인이 사장님 댓글로 반응이 없어도 상관없다. 단골들은 내가 이 식당에 이렇게 자주 왔는데 주인이 전혀 알아봐 주지도 않는다면 실망해서 발길을 돌리기가 쉽다. 자주 방문하는 단골인데도 주인이 단골임을 몰라주면 좀 서운한 게 인지상정이다.

배민 앱에서 고객의 닉네임을 클릭하면 손님들의 식당 방문

이력을 알 수 있다. 방문 이력을 살펴보면 사장님 댓글로 소통하는 가게의 방문 횟수가 높다는 걸 알 수 있다. 고객들은 "소중한 리뷰 작성해주셔서 감사합니다." 하고 인사해주는 사장의 말 한마디에도 기분이 좋아지고 다시 찾을 가능성이 크다. 시간을 내서 리뷰를 잘 작성해주었는데 몇 번 리뷰 올려도 사장이 아무 반응이 없다면 고객의 마음도 떠난다.

리뷰를 작성하면서 손님이 오랜만에 방문한 걸 안다면 "오랜만에 오셨네요. 정말 반가워요."라고 멘트를 달아주자. 손님은 주인이 나를 기억해주고 있구나 하는 생각이 들어 기분이 좋아질 것이다. 자주 방문하는 손님들에게 색다른 인사 한마디라도 해주면 단골이 될 가능성이 커진다.

2030 고객은 개인주의적인 성향을 갖고 있긴 하지만 실제로는 외로움을 많이 타는 편이다. 객지에서 학교에 다니거나 직장 생활을 하는 고객들이 많은데 사장님 댓글에서 푸근한 정을 느끼게 된다면 다시 방문할 가능성이 높아진다.

사장님 댓글은 맛집 랭킹을 올리는 지름길이다

배달의민족 맛집 랭킹 순위에 올라가면 주문율이 올라가 매출 상승에 도움이 된다. 고객들은 배달 음식을 고를 때 주문 수가 많은 식당이나 맛집 랭킹 순위에 올라 있는 식당을 주로 선택한다.

그때그때 고객과 소통하고 친절한 사장님 댓글을 지속해서 달아주고 리뷰 게시판을 잘 관리해나가다 보면 충성고객들이 늘어나 재주문율이 높아질 것이다. 재주문율이 높아지고 리뷰 수가 점점 쌓이다 보면 주문 수도 늘고 맛집 랭킹에도 올라 매출 상승에 선순환이 일어난다.

찜 수가 아직 적은데도 불구하고 맛집 랭킹에 올라와 있는 식당들도 있는데, 배달앱 마음대로인 맛집 선정 기준을 정확히 알 수가 없는 게 사실이다.

맛집 랭킹 선정 기준은 배달앱에서 공식적으로 발표하진 않아 정확하지 않지만, 주문 수 증가율, 리뷰 수, 재주문율 등이 영향을 준다. 그중에서 재주문율이 영향을 가장 많이 미치는 편이라고 한다. 배달앱에서 공식적으로 기준을 말한 적은 없으므로 참고사항으로 알아두는 것이 좋겠다.

오프라인 식당에서도 맛집은 다시 가고 싶은 집, 손님의 재방문이 많은 곳이다. 다시 발길이 이어지는 식당, 맛난 음식을 제공하는 식당이 될 수 있도록 노력하는 것이 가장 기본이다. 맛있는 음식을 팔면 맛집 랭킹 순위에도 올라가는 것은 당연하다. 맛있는 음식에 좋은 사장님 댓글까지 뒷받침이 된다면 맛집 랭킹에 더욱 쉽게 진입할 수 있다.

불만 댓글에 스트레스 안 받으려면?

고객의 리뷰는 그 자체로 좋은 리뷰든 안 좋은 리뷰든 일단 사장님들에게 스트레스로 작용한다. 고객의 불만 댓글이나 비난과 항의성 댓글이 올라오면 일단 업주들은 엄청난 압박감과 스트레스에 시달리게 된다. 실제로 악성 리뷰 하나로 주문량이 뚝 떨어져 매출도 큰 영향을 받게 된다.

장사를 하루 이틀하고 접을 거면 몰라도 악성 리뷰에 심하게 상처를 입고 멘탈이 나가게 되면 건강만 해치고 우울증까지 걸릴 수도 있다. 잠도 못 자고 건강을 잃게 되면 모든 것을 잃게 된다.

실제로 연예인들이 악플 우울증을 앓는 것처럼 식당 사장들도 악성 리뷰에 스트레스를 심하게 받는다. 장사에 집중하지 못해 실수까지 연발하면 식당 운영에도 지장을 주고 악순환이 벌어진다. 일단 스트레스 안 받는 게 가장 중요하다. 불만 리뷰에 스트레스 안 받으려면 어떻게 해야 할까?

일희일비하지 말아야 한다

장사도 날씨와 비슷하다. 눈부시게 화창한 날도 있고 천둥번개가 치고 태풍이 몰려오는 날도 있다. 또 언제 그랬냐는 듯 맑게 갠 날도 오게 마련이다.

맛있다는 고객의 리뷰가 이어져 기분이 좋다가도 어떤 날은 맛없다는 리뷰, 이물질이 들어갔다는 리뷰, 배달이 늦다는 리뷰가 올라오기도 한다. 이렇게 연이어 평점 테러가 일어나고 악성 리뷰가 달리는 날도 있다.

모든 것은 시간이 지나면 다 지나가게 마련이다. 오늘 지금, 이 순간 악성 리뷰 때문에 괴로워도 우리 가게를 믿고 찾아주는 소중한 단골들이 이 악성 리뷰를 덮어주고 응원의 댓글을 달아주기도 한다. 악성 리뷰는 하루 이틀만 지나도 묻혀버린다. 악성 리뷰에 집착하지 말고 음식 만드는 일에 집중하고 서비스 잘하는 것에 집중하다 보면 더 좋은 고객들을 만날 수 있다.

맛없다는 고객의 말에 너무 집착하지 말자

모든 사람의 입맛을 만족시킬 순 없다. 사람의 입맛은 모두 다른 게 당연하다. 백 프로 모든 사람의 입맛을 맞춘다는 것은 불가능하다. 불가능한 일에는 마음을 쓰지 말자. 사람은 얼굴이 다르고 생각이 다르고 성격이 다르다. 다르다는 것부터 인정하자. 그러므로 사람마다 입맛도 다를 수밖에 없다.

똑같은 사람이 똑같은 음식을 먹어도 어제는 맛있었는데 오늘은 맛이 없을 수도 있다. 열 명이 맛있다고 하면 한 명 정도는 맛없다고 할 수도 있다. 내가 백종원을 능가하는 음식의 신이 아닌 이상 불가능한 일에 마음 쓰지 말자.

맛없다는 한두 명 고객의 불만 리뷰는 당연하다고 받아들이면 마음이 편하다.

사람도 마찬가지가 아닌가. 많은 사람이 모이는 자리에서 그 중에 한두 명 정도 마음에 안 드는 사람도 있고 그냥 호감이 가는 사람도 있다. 이유 없이 싫은 사람도 있듯이 음식도 그냥 각자의 취향이고 개성이라고 생각해야 마음이 편하다.

내 음식을 모든 손님이 칭찬해주고 마음에 든다고 해주어야만 만족한다면 엄청난 아집과 오만에 사로잡혀 있는 것이다. 모든 손님이 다 맛있다고 칭찬을 해주고 가면 기분이야 좋겠지만 음식에 신경을 덜 쓰게 되고 그 식당은 발전이 없다. 맛없다고 하는 고객이 있어야 음식 맛을 유지하는 데 더 신경을 쓰게 되고 점점 발전하는 식당이 될 수 있다.

열 명 중 한 명 정도는 나쁜 평을 쓰는 사람이 있게 마련이니 마음 편하게 생각하자.

높은 평점에 집착하지 말자

과유불급이라고 넘치는 건 모자람만 못하다. 5.0 평점이든 4.9 평점이든 고객은 크게 신경 안 쓴다. 5.0 평점을 유지하기 위해 집착하게 되면 고객이 별점 1점을 주면 심한 스트레스에 시달리게 된다. 평점이 4.8 이상이면 양호한 편이다. 악성 리뷰를 지워서 높은 평점을 유지하려고 고객에게 전화해서 지워달라고 매달리거나 환불해주겠다고 매달려선 안 된다. 고객이 얼마나 그 식당을 깔보고 무시하겠는가. 가게 이미지에도 나쁘다. 아무리 힘든 일이 있어도 음식 만드는 식당 사장으로서 자존심을 지키며 당당하게 장사하자. 좋은 음식을 만들어 좋은 고객들에게 정성을 다하다 보면 다시 평점은 올라오게 마련이다.

악플러와 프로불편러는 그냥 무시하자

개구리에게 돌을 던지는 아이처럼 악성 리뷰를 재미로 다는 사람들이 있다. 익명성 뒤에 숨어서 남이 고통당하는 것을 즐기는 비열한 악플러들에게 신경을 쓰지 않는 것이 정신 건강을 지키는 길이다. 또한, 사사건건 트집을 잡는 프로불편러들은 너무나 예민한 사람들이라 조금이라도 불편한 걸 못 참고 "이거 나만 불편하냐?"며 악성 리뷰나 불만 리뷰를 올려야 직성이 풀리는 사람들이다.

악성 리뷰를 쓰는 사람은 강자에겐 약하고 약자에겐 갑질을 하는 사람이다. 일상생활에서도 화가 많아 주변 사람들에게도 인정을 못 받아 엉뚱한 곳, 리뷰로 화풀이를 하는 것이다. 자신이 기분대로 쓴 악성 리뷰로 인해서 업주들이 얼마나 고통스러운지 신경도 안 쓰고 미안함이나 죄책감도 없다. 마치 사이코패스처럼 전혀 공감 능력이 없는 사람들도 많다. 악성 리뷰를 달면서 자신이 얼마나 대단한 존재인지를 확인하며 아무 이유 없이 재미로 악성 리뷰를 다는 사람들이다.

그들에게 길고 상세한 답글, 해명의 글을 달면 오히려 말꼬리를 물고 늘어지고 트집을 잡는다. 그냥 간단하게 몇 줄 쓰고 지나가는 게 상책이다. 사과도 하지 말고 "더 분발하겠습니다.", "더 신경 쓰겠습니다." 이렇게 한 줄 쓰고 지나가도록 하자. 악플러에게 신경 쓸 시간에 가게를 살릴 방법을 더 연구하고 메뉴에 더 집중하자. 그 시간에 내 가게를 사랑해주는 사랑스러운 단골들에게 서비스 손 편지 하나라도 쓰도록 하자.

고객이 근거 없는 악성 리뷰, 이유 없는 악성 리뷰를 다는 것은 무시하자. 지나가는 개가 짖는구나 하고 무시하고 지나가는 게 정신 건강에는 제일 이롭다. 개와 싸우다가는 내가 물릴 수 있다. 미친개와는 안 싸우는 것이 최고다.

불만 리뷰는 가게를 살리는 보약이라고 생각하라

불만 리뷰는 배달 음식점의 보약이라고 생각하자. 불만 리뷰가 올라오면 기분이 나쁘고 장사 의욕이 꺾이지만, 몸에 좋은 약이 입에 쓰다고 하지 않았는가. 자주 올라오는 불만 리뷰의 종류를 적어서 매뉴얼화 해보자. 해결 방법을 찾아 문제점을 개선하면 불만 리뷰가 점점 줄어들고 단골도 점점 많아질 것이다. 가게 운영에도 많은 도움이 된다. 음식의 맛을 업그레이드 시킬 수 있고 서비스의 질도 높이도록 도와주는 것이 바로 고객의 불만 리뷰다.

감정적으로 대응하면 망하는 지름길이란 것을 명심하자

만약 손님이 맛없다고 평점 테러를 했을 때 "맛없으면 다른 집으로 가세요!"라고 답글을 단다고 해보라. 이 리뷰를 가장 많이 읽는 사람은 신규 고객이다. 손님들은 나도 맛없다고 솔직하게 리뷰 달면 다른 데 가라고 하겠네, 싫어 다시는 이 식당에 오기 싫을 것이다. 손님을 끌어들이려면 적을 만들지 말고 아군을 만들라. 감정적으로 대응할 바엔 차라리 답글을 달지 말거나 "더 노력하겠습니다.", "이용해주셔서 감사합니다." 하고 한두 마디만 대응하고 말자.

칭찬은 길면 길수록 좋지만, 불만 리뷰에 사장님 댓글이 길어지면 구차한 핑계를 대는 것으로 보인다.

사장 대신 다른 사람이 댓글을 다는 것도 좋은 방법이다

배달 음식점을 운영하는 사장은 몸이 열 개라도 모자란다. 육체적으로도 힘들지만 리뷰 스트레스로 정신적으로도 힘들다. 식당 운영하기도 바쁘고 지치는데 댓글까지 달려면 피곤하고 힘들다. 바쁜 사장 대신 가족이나 댓글을 친절하게 잘 달 수 있는 직원이 전담해서 다는 것도 좋다. 식당 운영에 지친 사장님의 정신 건강을 위해서라도 다른 사람이 댓글을 다는 것도 좋은 방법이다. 하루에 사장님 댓글을 30건 이상 작성해야 한다면 사장이 댓글을 직접 관리하긴 힘들다. 댓글을 전담해서 쓰는 사람은 고객들의 불만 리뷰가 올라오면 사장이나 직원에게 곧바로 전달해서 문제를 해결하고 빨리 고쳐나가자.

리뷰의 노예가 되지 말자

어떤 식당 사장은 평점 1점 테러가 올라왔다고 3일 동안이나 울었다고 한다. 리뷰가 몇 개 없을 때 평점 테러를 받으면 가게 운영에 치명적이다. 아침에 받은 평점 테러 하나로 온종일 우울해서 일이 손에 잡히지 않는 경우도 많다. 혹시나 악성 리뷰가 올라올까 봐 리뷰 게시판에 들락날락한다면 음식을 만들거나 포장하는 일에 집중을 못 하게 된다. 집중을 못 하게 되면 실수가 늘어나고 고객들의 불만 리뷰가 늘어나는 악순환이 계속된다.

리뷰에 온종일 신경 쓴다는 것은 어느새 리뷰의 노예, 평점의 노예가 되어버렸다는 증거다. 악성 리뷰나 평점 테러에 속이야 상하겠지만 털어버리고 음식에 더 정성을 기울이고 기본에 충실하다 보면 하나둘 단골도 생기고 평점도 서서히 올라간다.

행복하기 위해 장사를 하는데 리뷰와 평점의 노예가 된다는 건 비참하고 슬픈 일이다. 리뷰는 하루 중 가장 한가한 시간에 한두 번 정도만 확인하고 답글을 다는 게 정신 건강에 이롭다. 오후 3시나 4시 사이에 사장님 댓글을 몰아서 다는 방법도 추천한다.

사장님 댓글 달기의 비법

맛있게 먹었다는 고객 리뷰에는 어떤 댓글을 달아야 할까?

일반적인 감사의 댓글 달기

늘 시간에 쪼들리고 장사하느라 바쁜 업주들이 사장님 댓글을 하나하나 다른 내용으로 달아주긴 힘들다. 맛있다는 고객들에겐 비슷한 내용으로 댓글을 달아도 무방하다.

감사의 댓글을 전혀 달아주지 않는 식당보다는 고객들은 댓글을 달아주는 가게에 다시 방문할 가능성이 크다. 그 식당에 자주 가는 단골인데도 주인이 크게 아는 척을 해주지 않거나 반응이 없다면 두 번 다시는 가기 싫은 것과 마찬가지다.

너무 바빠서 댓글을 달 시간이 없다면 사장님 댓글 문구를 작성해두었다가 붙여넣기를 해도 괜찮다.

◇ 감사의 댓글 예시 ◇

밥도둑 >

★★★★★

최고예요. 담에 또 주문할게요.

사장님

밥도둑님, 맛있게 드셔주셔서 감사합니다.
다음에도 방문해주신다니 정말 행복하고 기쁘네요.
항상 행복하세요.

밥도둑 >

★★★★★

맛있게 잘 먹었어요. 굿굿

사장님

밥도둑님, 소중한 시간 내어 좋은 리뷰로
저희 식당 응원해주셔서 감사합니다.
다음에 오실 때도 최고의 맛으로 보답하겠습니다.

밥도둑 >

★★★★★

여기는 항상 맛있어요!! 양도 푸짐하고 서비스도 최고!!

사장님

밥도둑님, 오늘 날씨가 너무 화창하네요.

어서 오세요. 너무 반가워요.

항상 맛있게 드셔주셔서 감사합니다.

어머니께서 차려주시던 따스한 집밥이 그리우실 땐

언제든지 달려와 주세요. 고객님을 위한 따스한 밥상

푸짐하게 차려드리겠습니다.

항상 감사드립니다.

너무 바쁘거나 댓글을 달 시간적 여유가 없을 때는 한두 줄의 댓글도 안 달아주는 것보다는 좋다. 손님 입장에서 생각해 보면 그 식당을 몇 번이나 갔는데도 사장이 들어올 때도 인사도 없고 한 번도 감사하다는 인사 한마디 없다면 별로 가고 싶은 생각이 들지 않을 것이다.

손님들은 맛도 맛이지만 주인이 친절한 가게를 더 좋아한다. 특히나 배달 음식점은 손님과 주인이 서로 얼굴을 마주 보지 않기 때문에 단골 관리를 할 수 있는 최고의 수단은 꾸준한 사장님 댓글이다. 꾸준히 감사의 댓글을 달아주는 사장님은 더욱 친절하게 느껴지게 마련이다.

감사 댓글 다는 순서와 공식만 기억해도 자동으로 사장님 댓글을 달 수가 있다. 감사, 약속, 부탁, 감사 이 순서로 댓글을 50개 정도만 달아보면 어떤 감사 댓글이든 순식간에 달 수 있을 것이다.

사장님

밥도둑님,
맛있게 드시고
좋은 리뷰 남겨주셔서 정말 감사드립니다. (감사)
고객님의 성원에 보답할 수 있도록
항상 맛난 음식 정성껏 만들어 드리겠습니다. (보답하겠다는 약속)
다음에도 찾아주세요. (재주문 부탁)
오늘도 즐거운 하루 보내세요.
감사합니다. (감사)

단골 고객에 대한 댓글은 조금 다르게 하는 것이 좋다

단골은 조금 다르게 환대해주는 느낌이 나도록 댓글을 달자. '오늘도', '그간 잘 지내셨나요?'. '덕분에', '항상 감사합니다.' 이런 단어와 문장으로 단골을 알아봐 준다는 느낌이 들도록 댓글을 달도록 하자. 참고로 리뷰 게시판에서 닉네임을 클릭하면 이 손님이 방문한 식당 이력이 죽 펼쳐진다. 우리 식당을 언제 방문했는지도 알 수 있다.

사장님

배달왕님,
항상 맛있게 드셔주셔서 정말 감사드립니다.
그간 잘 지내셨나요?
오실 때마다 최고라고 저희 식당 응원해주시니
고객님 칭찬 보약에 피곤이 눈 녹듯 사라집니다.
고객님 밥이 보약입니다. 바쁘시더라도
식사 잘 챙겨드세요.
고객님 오늘도 멋진 하루 보내시고 조만간 또 뵈어요.
감사합니다.

사장님

밥도둑님, 오늘도 찾아주셔서 정말 감사드립니다.

그간 잘 지내셨나요?

맛있게 드시고 멋진 리뷰로 응원해주시니

정말 큰 힘이 나네요.

오늘도 고객님의 응원 덕분에 행복한 맘으로 맛난 음식 만들고 있답니다. 다음에 방문하실 때에도 맛난 밥상 푸짐하게 차려드릴게요.

항상 건강하시고 좋은 날 되시길 바랍니다.

조만간 또 뵈어요. 항상 감사드립니다.

사장님

밥도둑님, 와 또 와주셨네요.

이렇게 자주 방문해주시니 한 주를 시작하는 월요일에

박카스 마신 것보다 더 힘이 솟네요.

그간 잘 지내셨나요?

오실 때마다 우리 식당 김치찌개를 맛있게 드시고

칭찬해주시니 큰 힘이 되네요.

다음에 오실 때도 맛난 밥상 차려드릴게요.

항상 건강하시고 조만간 또 뵈어요. 항상 감사드려요.

기억에 오래 남는 인상적이고 색다른 댓글 쓰기

식당들이 얼마나 많고 많은가. 우리 식당을 찾아준 고객님이 얼마나 고맙고 사랑스러운가. 특히나 자주 찾아주는 단골손님은 얼마나 고마운가. 그럴 땐 진심으로 마음을 내어, 좀 더 다른 내용으로, 날씨, 일상의 소소한 이야기, 안부 묻기, 인기 드라마, 영화 이야기 등으로 다양하게 댓글을 달 수 있다. 물론 시간과 에너지가 있어야 가능한 일이다.

너무 길게 댓글을 다는 것도 조금 자제하는 것이 좋다. 요즘 젊은 사람들은 긴 글은 지겨워한다. 우리 배달 식당은 다른 매장보다 댓글이 좀 긴 편이다. 정성스런 댓글에 감동했다는 호평도 많지만 어떤 한 손님은 사장님 댓글이 너무 길어서 읽다가 말았다고 한 적도 있었다.

서울 연희동에 있는 성호각이란 중국집은 개그맨보다 더 재미난 사장님 댓글을 달기로 유명한 배달 식당이다. 재미있는 사장님 댓글 때문에 재주문을 하는 손님도 있을 정도이다. 인터넷에 중국집 성호각 사장님 댓글이 단연 화제가 되고 있다. 아래는 인터넷에 돌아다니는 성호각 리뷰의 예다.

◇ 성호각 리뷰 사례 ◇

*** >

김치볶음밥을 시킨 건 저의 실수였습니다.

맨밥을 먹는 것처럼 흰밥 지뢰가 곳곳에 ㅠㅠ

사장님

***님 죄송합니다.

음식 이름이 울 엄마 김치볶음밥인데

오늘은 어머니가 부재중이셔서

제가 한번 해봤습니다.

다시는 하지 않겠습니다.

죄송합니다.

*** >

음식 세 가지가 전부 싱겁더라구요ㅜㅜㅜㅜ

사장님

***님,

나는 연희동을 장수촌으로 만들 거야.

*** >

탕슉이 물컹거렸어요. 눅눅한 것처럼 BB

사장님

***님, 주방 오늘 징역 보내겠습니다.

죄송합니다.

*** >

그릇 좀 찾아가세요. 정말

사장님

***님, 제 여자 친구 찾기도 바쁘단 말예요.

*** >

짬뽕이 좀 식어서 아쉽

사장님

***님,

내 아이큐 150 주방장 아이큐 150

짬뽕이 식지 않는 완벽한 작전을 짜본다.

젊은 고객들은 즐거움을 추구한다. 성호각은 재미있는 사장님 댓글 때문에 주문한다는 고객이 많다. 이렇게 성호각 리뷰처럼 재미난 사장님 댓글로 손님도 즐겁게 만들어주고 단골손님도 확보하면 얼마나 좋겠는가. 사장 본인도 스트레스를 덜 받지 않을까.

웃기는 재능이 없다고 좌절하지 말고 조금만 다른 멘트를 달아주어도 손님들에게 깊은 인상을 줄 수 있다. 자주 오는 단골에겐 약간 다른 멘트로 댓글을 달아주면 수많은 식당 중에서 우리 식당이 고객의 기억 속에 남아 재방문으로 이어질 가능성이 크다.

요즘 젊은 손님들은 재미난 것, 특히 B급 정서를 좋아한다. 재미있는 댓글을 보면 인터넷에 퍼 나르는 네티즌이 많다. 기발하고 재미난 사장님 댓글 덕분에 매출도 오르고 유명해진 식당도 많다.

◇ 인상적인 댓글 달기 예시 ◇

이상하게 아플 때마다
생각나는 곳입니다.
사장님 맛있게 먹었습니다.

사장님

밥도둑님, 이제 몸은 좀 괜찮으신가요?
아프면 생각나는 곳이란 말씀에
괜히 코끝이 찡하네요.
아프면 객지에 나와 있는 분들은 집도 생각나고
괜히 어머니가 해주던 따스한 집밥이 그립잖아요.
아프면 입맛이 떨어지고 밥맛이 좀 없겠지만
무조건 잘 드셔야 합니다.
뭐니뭐니 해도 밥이 보약입니다.
맛있게 드셔주셔서 정말 감사드려요.
다음에 오실 때에도 따스한 집밥 한 상, 어머니께서 차려주시던 집밥 한 상 차려드릴게요.
빨리 회복하시고 항상 건강하시길 기원합니다.

맛있게 먹었어요.

근데 이번에는 제리뽀가 없어서 아쉬웠어요.

사장님

밥도둑님, 와 또 와주셨네요.

그간 잘 지내셨나요? 어서 오세요. 넘 반가워요.

행복을 차려드리는 밥상

보쌈 맛집 랭킹 1위 백년보쌈 방문을 대박 환영합니다.

행복한 설날 즐거운 설날 잘 보내셨나요.

우리 식당에 귀한 걸음 해주시고

좋은 리뷰로 큰 힘 주시니 기운이 샘솟네요.

후식 젤리뽀는 설날이라 배송이 안 되어 빠졌는데

담에 오심 달달하고 말랑한 아이스 젤리뽀 후식도

챙겨드릴게요.

고객님 다음에도 더 맛난 보쌈 한 상 차려드릴게요.

남은 한 주 행복하게 건강하게 보내시고

조만간 또 뵈어요.

항상 감사드려요.

사장님

밥도둑님, 어서 오세요. 넘넘 반가워요.

추석 연휴 때 맛난 것 많이 드시고 재충전하셨나요.

나훈아 추석 공연으로 전국이 떠들썩하네요.

테스 형이란 노래 듣고 깜짝 놀랐지 뭡니까.

나훈아가 소크라테스의 동생이었다니 ㅎㅎ

소크라테스를 테스 형이라 부를 배짱,

역쉬 가왕이구나 싶더라구요. ㅎㅎ

다음에 오실 때에도 행복하고 맛난 밥상 차려드릴 수 있도록 더 정성을 다하겠습니다.

고객님 깊어가는 가을 더 행복하게 보내시고

조만간 또 뵈어요.

항상 감사드려요^^

사장님

밥도둑님, 그간 잘 지내셨나요.
오랜만에 잊지 않고 우리 식당 들러주시고
소중한 리뷰 남겨주셔서 감사드립니다.
요즘은 비도 자주 오고
날이 매우 선선해져서인지
얼큰하고 따뜻한 김치찌개가
생각나곤 하네요.
이렇게 눈부신 가을날
행복한 추억도 만드시고
맛난 추억도 만드시길 바랍니다.
저희가 만들어 드린 음식
항상 맛나게 드셔주셔서
감사드립니다.
다음에도 맛난 밥상 차려드릴게요.
늘 행복하고 즐거운 날 되시고
조만간 또 뵈어요.
항상 감사드립니다.

사장님

밥도둑님, 어서 오세요. 너무 반가워요.
어제는 돌아온 한글날이었네요.
이렇게 고객님 리뷰에 댓글 달면서 생각해보니
세종대왕께서 만들어주신 한글이
얼마나 대단한지 다시 한번 느낍니다.
세계 최고의 문화유산이 아닐까 싶어요.^^
한글을 생각하면 국뽕에 취하지 않을 수가 없답니다.
전무후무한 창조물이지요.
세종대왕님은 아무리 생각해도
빌 게이츠보다 스티브 잡스보다
더 대단한 천재가 아닐까 싶어요.
고객님 맛나게 드시고 좋은 리뷰로 응원해주셔서
감사드려요.
다음에 오실 때도
맛나고 푸짐한 밥상 차려드릴게요.
고객님 남은 연휴 멋지고 행복하게 보내시고
조만간 또 뵈어요.
항상 감사드려요.

불만 리뷰에 사장님 댓글을 어떻게 달아야 할까?

맛있게 먹었다는 좋은 댓글만 달린다면 무슨 걱정이 있겠는가. 악의적인 불만 리뷰가 아니고 식당 측의 실수가 분명하다면 일단 진정 어린 사과부터 먼저 해야 한다.

다른 배달 식당의 사장님 댓글을 참고하는 것도 좋다. 다른 식당 사장님들이 고객의 심한 악성 리뷰에 대해 지혜롭게 대처한 내용은 댓글을 쓸 때 참고로 적용하면 많은 도움이 된다. 악성 리뷰에 품위 있게 대응하는 방법도 배워야 한다.

불만 리뷰에 감정적으로 대응한 글들은 타산지석으로 삼아서 사장님 댓글을 달 때 감정을 내보이지 않도록 조심해야 한다. 되도록 댓글을 작성하는 화법도 단정적이고 딱딱한 화법으로 쓰지 말고 부드럽게 부탁하는 화법으로 하는 것이 좋다.

예를 들면 "가격 인상을 할 수밖에 없습니다."라고 하기보다는 "가격 인상에 대해 양해 부탁드립니다.", "배달비 인상에 대해 양해해주시길 부탁드립니다."라고 하면서 부탁하는 화법으로 하면 더 부드럽게 느껴진다.

불만 리뷰가 올라오거나 고객의 감정적인 악성 리뷰를 보면 사장도 사람인지라 화가 나는 건 당연하다. 심지어 수저나 뜯개칼을 빠뜨렸다고 악성 리뷰를 달고 별 1점짜리 평점 테러를 하는 고객을 만나면 정말 분노가 치민다. 배달 기사가 실수했는데 리뷰로 화풀이하는 고객도 많다. 머리카락 등 여러 이물질이 들어간 사진까지 올려 환불을 요청하는 블랙컨슈머도 있다.

자신들이 미슐랭이나 무슨 백종원이라도 된 것처럼 음식에 대한 평을 빙자해 사사건건 잔소리하고 트집 잡는다면 정성 들여 음식을 만든 사람은 얼마나 화가 나겠는가. 하지만 곧바로 감정적으로 대응하면 그 순간에는 기분이 좀 풀릴지 몰라도 오히려 피해를 보는 사람은 업주다.

고객들은 자신의 불만이 아주 당연하고 정당하다고 확신하기에 업주가 반박하거나 변명하면, 반발하거나 그 식당에 대해 등을 돌린다. 심지어 감정을 자제 못 한 업주가 사장님 댓글을 약간 강하게 달면 블랙컨슈머는 기다렸다는 듯 맹수처럼 달려든다. 심한 악성 리뷰를 다시 반복적으로 달고 악랄하게 물고 늘어지는데 리뷰 게시판이 진흙탕 싸움판으로 변하는 불상사가 일어나기도 한다. 미꾸라지 한 마리가 개천을 진흙탕으로 만들어버리면 그 피해는 업주에게 고스란히 돌아온다.

맛난 식사를 기대하고 주문하러 들어온 신규 고객들에게 진흙탕 싸움이 벌어진 모습을 보이게 되면 그 식당에 대해 첫인상이 좋을 리가 없다. 그러므로 어떤 일이 있어도 리뷰 게시판에서 고객과 감정적인 댓글 싸움을 벌이는 일은 자제해야만 한다. 피해는 고스란히 업주의 몫이 될 수밖에 없다. 감정적으로 대응하면 업주만 손해를 보게 된다.

고객들이 가장 많이 보는 리뷰는 역설적이게도 칭찬의 리뷰보다는 별점 1점 리뷰, 불만 리뷰, 즉 악성 리뷰이다. 고객의 불만 리뷰에 현명하게 대처하는 사장의 모습을 보면 고객들은 그 식당에 대한 믿음을 갖는다.

상습적인 악플러는 논외로 치자. 불만 고객이 원하는 것은 바로 공감과 지지다. 음식에 만족 못 했으니 당연히 화가 날 수밖에 없다는 고객의 불만에 공감을 표하자. 고객의 말이 맞는다는 지지 한마디에 날이 선 감정이 누그러진다. 식당의 실수에 화가 난 고객들이 가장 원하는 것은 업주의 진심 어린 사과 한마디다. 고객의 분노는 당연하며 당연히 화가 날 수밖에 없다는 지지와 공감을 받고 싶어 한다. 누가 보아도 식당의 실수가 분명한데 실수를 인정하지 않고 업주가 변명으로 일관한다면 다른 잠재 고객들의 마음도 떠나게 된다.

불만 리뷰에서 가장 명심해야 할 것은 진심이다. 식당 측의 실수나 잘못이라면 곧바로 진심 어린 사과와 공감이 선행되어야 한다. 그다음 원인 분석을 하고 문제 해결과 개선 의지를 보여야 한다. 마지막으로 다시 한번 감사를 한다면 고객들의 마음도 풀리게 될 것이다.

자 명심하라! 사과하고 공감하고 원인 분석한 다음, 문제 해결과 개선 의지를 보이고 감사를 하면 고객들의 마음을 다시 붙잡을 수가 있다. 불만 리뷰 사장님 댓글 공식은 '사공원해 개 감사!' (사과 - 공감 - 원인 분석 - 문제 해결 - 개선 의지 - 감사)

◇ 불만 고객 리뷰에 대응하는 사장님 댓글 사례 ◇

배달의 왕족 >

★★★★★

웬만하면 먹겠는데 고기가 찔기고

김치찌개는 진짜 맛이 하나도 없어요.

다시는 안 시킵니다.

사장님

배달의 왕족님,

저희 믿고 찾아주셨는데

오늘 부족한 점이 많아 불편하게 해드렸군요. (공감)

만족스러운 식사가 될 수 있도록 해드렸으면 좋았을 텐데 죄송합니다. (사과)

고기를 너무 바싹 구워서 육즙이 빠져 질겨졌군요. (원인 분석)

고객님의 소중한 의견을 바탕으로 고기를 알맞게 굽도록 더 신경 쓰고 김치찌개 맛도 더 보완해서 다음엔 꼭 만족하실 수 있도록 해드리겠습니다. (개선 의지)

더욱 맛난 음식으로 보답하는 식당이 되겠습니다.

감사합니다. (감사)

이번에는 진짜 실망입니다. 음식이 너무 짜요.
이렇게 짜게 주시면 어떻게 먹으라는 겁니까.
두 번 다시는 안 먹고 싶네요.

사장님

믿고 주문해주셨는데 실망을 드려 정말 죄송합니다. (사과)
양념장을 너무 많이 넣어서 식사를 불편하게 만들었군요. (공감)
별도로 양념을 따로 더 드리기 때문에 간을 싱겁게 해드려야 했는데 레시피를 정확히 지키지 못해 짜게 조리가 되었군요. (원인 분석)
소중한 말씀 새겨듣고 더 신경 써서 더 맛있게 만들어드리고 더 나은 모습 보여드리겠습니다. (해결과 개선 의지)
오늘 하루 평안하고 좋은 하루 보내시길 바랍니다.
감사합니다. (감사)

사과하지 않아도 되는 불만 리뷰는?

모든 고객의 불만 리뷰에 일일이 사과할 필요는 없다. 사과의 기준을 정해야 한다. 식당의 실수가 분명한 경우에는 사과하고, 고객이 오해했거나 트집을 심하게 잡는 불만 리뷰는 사과하지 않아도 된다. 배달 기사가 실수한 문제는 고객으로선 불만을 제기할 곳이 리뷰 게시판밖에 없어서 불만 리뷰를 올리는 것이다. 업주로선 억울하지만, 이 또한 배달 음식점을 운영하다 보니 생긴 문제니 사과해야 한다.

모든 불만 리뷰에 일일이 다 사과하면 사장도 감정이 있는데 억울해서 화병에 걸릴 것이다. 사람의 입맛은 천차만별인데 근거도 없이 자기 기분대로 맛없다고 평점 테러를 하거나 악성 리뷰를 다는 손님, 자기 기분을 못 이겨 가게에 악의적인 댓글로 피해를 주는 무례한 손님에게까지 사과할 필요는 없다.

기준 없이 모든 악플러에게 사과를 하다 보면 사장님은 스트레스에 시달릴 수밖에 없다. 손님은 무조건 왕이나 신이 아니다. 익명성 뒤에 숨어, 목숨 걸고 장사하는 소상공인을 괴롭히는 블랙컨슈머와 악플러를 왕 대접할 필요는 없다. 고객은 왕이 아니고 식당 업주도 왕의 시중을 드는 하인이 아니기 때문이다.

고객의 실수가 분명한 경우

식당 측에서 전혀 잘못한 일이 아니면 사과를 하지 않아도 된다. 예를 들어 고객이 메뉴를 착각해서 주문을 잘못해놓고 불만 리뷰를 올릴 때도 있는데 그때는 메뉴에 관해서 설명을 잘 해주면 된다. 그리고 손님이 배달 주소를 잘못 입력해놓고 배달이 늦었다고 가게에 항의하거나 불만 리뷰를 써놓는 일도 있는데 그럴 때는 식당의 잘못이 아님을 분명히 밝혀야 한다.

의도적인 악성 리뷰인 경우

한 손님이 보쌈을 시키고 나서 전화를 한 적이 있다. 평소엔 무말랭이를 주는데 왜 없냐고 따지듯이 물었다. 평소에는 있는데 오늘은 떨어졌다고 알바생이 대답하자 잠시 뒤 또 전화를 걸어와 썩은 상추를 보냈다고 화를 심하게 냈다. 알바생은 죄송하다고 사과한 후 상추 사진을 보내달라고 했다. 상추는 리뷰 서비스 계란찜 때문에 익은 거였는데, 사정을 잘 모르는 알바생이 죄송하다며 야챗값을 환불해주겠다고 했다. 그러자 손님은 지금 상춧값 받으려고 전화했겠냐며 사과가 먼저 아니냐며 소리소리 지르면서 이렇게 하면 좋은 리뷰 못 쓴다고 협박하듯이 말하고는 전화를 끊었다.

다음날 보니 정말 장문의 악플이 올라와 있었다. 알바생은 사과도 한 적이 전혀 없다고 적어 놓았고 썩은 상추를 주는 아주 나쁜 식당이라고 써 놓았다. 알바생이 거듭 사과를 했는데도 손님이 화를 내고 트집을 잡고 악플까지 올린 이유는 무엇일까. 상추를 핑계로 전액 환불을 받고자 했는데 상춧값만 환불해주니, 기분이 나빠 의도적으로 악플을 올린 것이다.

고객 중에는 모든 식당에 악성 리뷰를 달고 별점 테러를 하면서 존재감을 과시하는 이상한 사람도 있다. 이들은 오프라인 식당에서도 진상을 부리는 경우가 많다. 알바생이 조금만 실수를 해도 "사장 나와!" 하고 소리를 지르면서 야단법석을 부리는 블랙컨슈머. 평소에 작은 일에도 심한 분란을 일으키는 이들이다. 이들은 개인적인 스트레스와 불만을 리뷰 갑질과 평점 테러를 통해서 푸는 사람들이다.

심한 경우 이들 중에는 악성 리뷰와 평점 테러로 평점 추락을 겁내는 업주에게 환불받으려는 고약한 프로 환불러도 있다. 그럴 때는 무조건 환불해주지 말고 음식 사진을 보내달라고 하거나 음식을 수거해서 조사한 다음에 환불 처리하도록 해야 한다. 고객이 거짓말을 하는 경우도 간혹 있다. 속된 말로 '배달거지'라고 불리는 이들의 악의적인 장난에 낚이면 곤란하다.

과도한 리뷰 서비스를 요구하며 악성 리뷰를 쓰는 경우

되도록 가게에 우호적인 리뷰를 작성해달라고 제공하는 서비스 품목이 '리뷰 서비스'다. 간혹 바빠서 리뷰 서비스를 빠뜨리고 배달하면 당연히 돈을 지급한 음식이 안 온 것처럼 악성 리뷰를 다는 고객도 있다. 리뷰 서비스가 안 나갔으면 리뷰를 안 달면 그만인데 굳이 평점 테러를 해서 가게에 피해를 주는 손님도 있다. 리뷰 서비스가 안 왔다고 악성 리뷰를 쓰는 사람에게 사과할 필요는 없다.

리뷰 서비스를 받고 먹튀 하는 사람도 스트레스지만 과도한 요구를 하는 사람도 문제이다. 리뷰 서비스 품목이 아닌 비싼 메뉴를 더 달라는 무리한 요구까지 서슴지 않고 한다. 돈을 받고 파는 품목까지도 공짜로 요구하기도 한다. 식당이 무조건 고객에게 다 퍼주고 서비스를 다 해줘야 하는 의무는 없다. 자신의 요구를 안 들어주었다고 악성 리뷰를 쓴 경우에는 식당의 운영방침과 식당의 입장을 단호하게 밝힐 필요가 있다.

배달의 여왕 >

★★★★★

좀 넉넉하게 챙겨달라고 요청 사항에도 적고 리뷰 참여한다고 했는데, 일부러 가게에 전화까지 했는데, 장사 그렇게 하지 마세요.
리뷰 서비스 돼지껍데기 두루치기 올 줄 알았는데 달랑 음료수?!
배달비도 비싼데 요즘 다들 어려운 시기에 쿠폰도 발행하고
배달비도 공짜인 식당 많아요.
별 하나 드리려다 맛은 있어서 별 두 개 드립니다.
개선할 점 고쳐서 번창하세요.

사장님

배달의 여왕님, 주문 감사드립니다.
넉넉하게 뭘 달라고 하시는지 구체적으로 말씀하지 않으셨고, 리뷰 서비스 품목은 세 가지 중 하나를 선택하지 않아서 음료수 드렸습니다. 다음엔 구체적으로 말씀해주시면 반영하겠습니다.
저희 가게에서 먼 지역의 경우는 배달비가 추가됩니다.
먼 거리는 택시 요금이 올라가는 것과 마찬가지입니다.
쿠폰 발행도 하고 배달비도 무료로 해드리면 좋겠지만 아시다시피 코로나로 자영업자들이 가장 힘든 상황도 아실 것입니다. 배달비는 식당과 배달 대행 업체가 공동으로 부담하고 있습니다.
건강 조심하시고 편안한 날 되세요.

리뷰 서비스가 마음에 안 든다고 악플을 단 고객이 있었다. 자기가 원하는 것을 구체적으로 말하지도 않고 자기 마음을 몰라줬다고 별점 테러와 악성 리뷰를 단 것이다. 마치 별점을 매기는 것을 알량한 권력처럼 휘두르며 갑질하는 고객들이 있는데 이들에게는 사과할 필요가 전혀 없다.

경쟁 업소의 악의적인 리뷰로 의심되는 경우

악성 리뷰를 달거나 평점 테러를 해놓고 다른 리뷰는 하나도 안 달아놓은 고객들도 더러 있다. 경쟁 업소의 작업 리뷰일 가능성이 있다. 심증이 가더라도 함부로 단정하진 말자. 사과 대신 간단하게 무시하고 넘어가거나, 이런 리뷰는 자제 부탁드린다고 한마디 하고 넘어가면 된다. 굳이 경쟁 업소라고 의심하는 사장님 댓글을 달 필요는 없다. 경쟁 업소라고 의심하는 사장님 댓글을 보는 고객들은 사장이 피해의식이 많다고 오해할 수도 있고 가게 이미지가 나빠질 가능성이 크다. 실제 경쟁 업소가 아닌데 의심하는 댓글을 올리면 오해를 받은 손님이 심하게 화를 내고 문제가 될 수도 있다.

양이 적다는 리뷰

고객들은 맛과 양에 아주 민감하다. 직원들이 실수해서 양을 적게 달 수도 있지만, 고객들의 기분에 따라 양이 적게도 많게도 느껴지는 날이 있다. 고객에게 항상 정량대로 조리한다고 안심

시켜주도록 해야 한다. 잠재 고객들이 양이 적다는 선입견을 품지 않도록 정량으로 제공한다는 것을 꼭 알려야 한다. 사장님 댓글로 말하지 않으면 손님들은 양이 적다고 오해할 수 있다. 고객이 주관적인 생각을 말해도 사장님 댓글은 객관적인 사실을 알려주어야 손님들이 사장의 말을 믿고 안심하고 주문을 하게 된다.

배달의 왕족 >

★★★★★

기분 탓인지 모르겠네요. 고기양이 지난번에는 많았는데
이번에는 많이 줄었다는 거 제 착각인가요.

사장님

배달의 왕족님, 주문 감사드려요.
맛있게 드신 만큼 양에서는 아쉬움을 느끼셨군요.
저희는 일단 주문을 받으면 생고기를 저울에 정확하게 계량한 다음 삼겹살을 센 불에 직화로 굽는답니다.
센 불에 직화구이를 하다 보면 기름이 고기 무게에서 빠져나가고 기름이 빠져나간 만큼 고기양도 조금 줄어들게 됩니다. 다음에는 불 조절을 더 잘해서 고기양이 줄어들지 않게 하겠습니다. 뭐든 넉넉히 드리는 식당이니 믿고 주문하셔도 됩니다.
행복한 한 주 보내시고 조만간 또 뵈어요. 감사드려요.

맛없어요 하는 고객의 불만 리뷰

음식에서 가장 중요한 건 맛이다.

맛없다는 불만 리뷰는 배달 리뷰에서 가장 많이 올라오는 리뷰 유형이다. 이것은 개인의 입맛 차이기 때문에 굳이 사과하지 않아도 된다. 기분이야 나쁘겠지만 감정을 드러내지 않고 답글을 달면 된다.

아무리 최고의 맛집이라 해도 맛없다는 불만 리뷰는 올라오기 마련이다. 리뷰를 보는 잠재 고객을 위해서, 정성 들여서 만든 아주 맛있는 음식이며 다른 고객들에게 많은 호평을 받고 있음을 강조해서 손님들이 먹고 싶어지도록 만들어야 한다. 우리 음식은 정성을 다해 최고의 맛을 낸다는 것을 강조해서 고객의 마음을 잡아보자.

배달의 왕족 >

★★★★★

계란찜은 3천 원 내고 먹을 정도 아님
김치찌개는 쓴맛이 남
고기는 먹으면 시간이 조금 지나니 질겨서 잇몸이 아픔
다른 분들 주문 시 참고하시라고 솔찍 리뷰 남깁니다.

사장님

배달의 왕족님, 주문 감사드립니다.
식사에 만족을 못 드려 많이 안타깝군요. 어떤 점이 구체적으로 마음에 안 드셨는지요?
사진 리뷰가 있었다면 양이 부족해서 만족을 못 하셨는지 알 수 있을 텐데 말입니다.
김치찌개는 저희 식당 홀에서도 인기 메뉴인데 쓴맛 난다는 분은 없었고 저도 맛을 보니 쓴맛은 없습니다.
조미료를 쓰지 않고 찐한 해물 육수를 우려내서 맛을 내는데 고객님들로부터 고향의 깊은 맛이란 극찬을 받고 있습니다.
삼겹 직화구이는 최고급 흑돼지 삼겹살을 사용하는데
아무리 맛난 고기도 식으면 질겨지는 것은 사실입니다.
다음에는 더욱 만족스런 식사를 하실 수 있도록
더 신경 쓰고 정성을 다하겠습니다.
항상 건강 조심하시고 평안한 휴일 보내세요.

자기 입맛에 안 맞는다고 식당에 심한 피해를 주는 악성 리뷰를 올린 고객이 있었다. 다른 분들 주문 시 참고하라고 '솔찍 리뷰' 남긴다는 말은 아예 이 식당은 이용하지 말란 말이 아닌

가. 이 얄미운 고객을 생각하면 화가 치밀어 오르지만 일단 감정부터 가라앉혀야 한다. 감정적으로 맞받아치고 대거리하기보다는 우회적으로 손님의 평이 잘못이라는 걸 알리면서 식당의 음식 맛을 광고하는 기회로 만들면 어떨까?

배달의 왕족 >

★★★★★

보쌈 고기는 맛있는데 막국수가 떡져 있어서 최악!

사장님

배달의 왕족님,
보쌈 맛있게 드셔주셔서 정말 감사드립니다.
막국수에서 만족을 못 드려 아주 안타깝네요.
배달 도중 면이 불어서 생긴 일입니다.
저희 비빔 막국수는 매콤하고 달짝지근하고 새콤하고
참기름의 고소한 맛까지 더한 비빔 양념 소스에
각종 야채를 넣어서 만든답니다.
많은 고객님께 호평을 듣고 있지만, 면의 특성상 배달가는 도중에 들러붙는 경우가 있습니다.
면이 불었을 땐 같이 드린 육수를 부어 섞으면 면이 잘 풀어지고 더 맛있게 드실 수 있습니다.
다음에는 더 맛있게 해드리겠습니다. 항상 행복하세요.

배달의 왕족 >

★★★★★

제 입맛에는 별로였어요.

김치찌개가 신맛이 강해요.

너무 신맛이 나고 맛이 없었어요.

다시는 안 시켜 먹을 듯

사장님

배달의 왕족님, 주문 감사드립니다.

많은 고객님께 사랑받는 김치찌개지만

고객님 입맛에 안 맞아 아주 안타깝네요.

저희 김치찌개는 조미료를 쓰지 않고

찐한 해물 육수를 우려내어 맛을 내고 있습니다.

어머니께서 끓여주시던 집밥 같은 김치찌개

고향의 깊은 맛을 내는 김치찌개라는 평을 받고 있습니다.

더 신경 쓰고 정성을 기울여 더 나은 모습 보여드리겠습니다.

늘 좋은 날 되세요. 감사합니다.

정말 맛없어요.

이사 오기 전 단골 식당이 정말 그립네요.

다시는 주문 안 시킬 듯

사장님

배달의 왕족님, 주문 감사드립니다.

고객님께 만족을 드리지 못해 아주 안타깝군요.

다음에 오실 땐 더 만족스럽게 식사하실 수 있도록

더욱 연구하고 분발하겠습니다.

이사 오기 전 식당이 그립지 않도록 더 나은 모습으로

찾아뵐게요.

좋은 날 되시길 바랍니다.

기분 같아서는 이사 오기 전 그 식당으로 가라고 하고 싶을 만큼 얄미운 리뷰다. 이 고객을 위해서 댓글을 다는 게 아니라 다른 신규 고객들을 위해서 이렇게 답글을 달면 어떨까. 이 고객은 안 올 가능성이 크지만 내 소중한 고객들을 생각해 최대한 감정을 노출하지 않는 것이 좋다.

배달의 왕족 >

★★★★★

양은 괜찮은데 맛은 그닥……. 겁나 맛있다 정돈 아니네요.

사장님

배달의 왕족님,
주문 감사합니다.
겁나 맛있게 하도록 더 수련하고 노력하겠습니다.
26년간이나 음식 솜씨를 갈고닦고 수련했지만,
더 정성 기울여 음식 만들어 드리겠습니다.
늘 좋은 날 되세요.

이상과 같이 간단하게 한두 줄 정도 쓰고 넘어가면 된다. 우리 음식은 최상인데 고객님 입맛이 약간 문제가 있는 것 아니냐며 공격적으로 리뷰를 쓰지 말고, 유쾌하게 리뷰를 작성하면 금상첨화다.

고객이 너무 무리한 요구를 한 경우

"쌈 많이 주세요."

"공기밥 반만 더 주세요."

"국밥 국물 좀 주세요."

돈을 받고 파는 메뉴를 공짜로 달라고 하거나, 심지어 메뉴에도 없는 음식을 만들어 달라고 하거나, 막걸리를 사다 달라고까지 하는 진상 고객이 있는데 그런 요구는 아예 들어주지 않아야 한다.

무리한 요구를 들어주면 고마워하기보다는 점점 정도가 심한 요구를 하는 진상 고객이 생긴다. 당연한 권리라고 착각하는 고객도 있다. 한두 번 들어주다 안 들어주면 악성 리뷰와 평점 테러를 하기도 한다. 점점 악순환이 생기는데 요구를 무시했다고 악성 리뷰가 올라오면 사실을 그대로 밝히고 간단하게 대응을 하고 넘어가야 한다.

고객이 무리하고 무례한 요구, 갑질을 했다는 것을 사장님 댓글에 밝혀야 피해를 줄일 수 있다.

밥 위에 맨날 소시지 올려주시던데
계란 후라이 하나 해주는 게 그렇게 어렵나요!
참 야박하네.

사장님

배달의 왕족님. 주문 감사드립니다.
계란 후라이는 없는 메뉴입니다.
고객님이 주문하신 시간에는
배달이 너무 밀리고 정말 너무 바빠서
전화로도 양해를 구했습니다.
홀에도 주문이 많이 밀리는 시간이었답니다.
해드리지 못하는 식당의 입장에 대해
양해 부탁드려요.
건강하시고 날마다 좋은 날 되세요.

정도가 지나친 무례한 악성 리뷰가 올라왔을 때

배달의 왕족 >

★★★★★

웬만하면 이런 리뷰 안 다는데
이런 음식도 음식이라고 파나요.
한 입 먹고 쓰레기통에 버렸어요.

사장님

배달의 왕족님,
웬만하면 이런 리뷰는 자제해주셨으면 좋겠습니다.
말은 그 사람의 인격입니다.
처지를 바꾸어서 한번 생각해 보시길 부탁드립니다.
아무리 입맛에 맞지 않는다고
정성 들여 만든 음식을 쓰레기 취급해
쓰레기통에 버리면 기분이 어떨까요.

이런 사장님 댓글을 쓰고 얼마 안 되어서 악성 리뷰를 단 손님은 자신이 쓴 리뷰를 삭제했다. 하지만 악성 리뷰를 쓴 고객이 다 삭제를 해줄 것이라고 기대해서는 안 될 것이다.

이유 없는 별점 테러

가끔 이유 없는 별점 테러를 받을 때가 있다. 아무런 글도 적어 놓지 않고 별 1점만 있는 경우 정말 허탈할 수밖에 없다.

아무런 이유 없이 별점 테러를 해버리고 가는 고객에게 사과할 필요는 전혀 없다. 식당이 얼마나 최선을 다해 음식을 만들고 있는지 이야기하고 구체적인 피드백 부탁한다는 댓글을 달면 된다.

배달의 왕족 >

★★★★★

사장님

배달의 왕족님, 어떤 점이 아쉬우셨는지 구체적으로 말씀해주시면 좋겠습니다.
저희는 아침부터 밤늦게까지 고객들께 가장 좋은 재료로 가장 맛난 음식을 만들어 드리기 위해 최선을 다해 연구하고 노력하고 있습니다.
구체적인 의견은 고객님들과 식당에 많은 도움이 된답니다. 감사합니다.

사과를 꼭 해야만 하는 불만 리뷰의 종류는?

음식에 이물질이 들어간 경우

음식에서 이물질이 나오면 음식을 먹을 기분이 싹 달아난다. 맛있게 음식을 먹으려는 기대를 품고 포장을 뜯었는데 이물질이 나오면 얼마나 기분이 나쁘겠는가.

머리카락, 철사, 조개껍데기, 쇠 수세미, 벌레, 모기, 날파리 등이 들어간 사진이 리뷰에 올라와 있을 때는 곧바로 사과의 리뷰를 올려야 한다.

음식은 위생이 기본인데, 음식점의 신뢰성에 관한 문제다. 음식점 위생 상태가 몹시 나쁜데 누가 그 식당의 음식을 믿고 시키겠는가. 불만 리뷰 발견 즉시 즉각 사과하도록 한다.

사과하지 않고 불만 리뷰를 그대로 내버려 두면 불만 리뷰를 쓴 당사자뿐 아니라 신규 고객들은 발길을 돌리고 단골들도 떠나게 된다. 고객이 원한다면 환불을 해주거나 새로 음식을 해주는 것이 좋다.

아래 리뷰는 된장찌개에 소라껍데기가 들어간 경우였는데 다행히도 비밀 리뷰로 올라왔다. 주황색 작은 조각이 보이는 사진 리뷰였다.

이게 멀까요

이가 나갈 뻔했어요. ㅠㅠ

사장님

배달의 왕족님, 너무 죄송합니다. (사과)
식사 맛있게 하시다가 얼마나 놀라셨겠어요. (공감)
리뷰 보고 깜짝 놀라서 원인을 백방으로 찾아보니
건새우 속에 들어 있는 작은 소라껍데기였습니다.
건새우로 된장찌개 국물 맛을 내고 있는데
주황색 건새우와 소라껍데기 색깔이 너무 비슷해
새우와 함께 딸려 들어간 모양입니다. (원인 분석)
아무리 바빠도 점검 더 철저히 하겠습니다.
저희를 배려해서 비밀 리뷰 주신 따스한 마음 잊지 않고 더 나은 식당이 되도록 하겠습니다. (문제해결 의지)
저희의 실수도 이렇게 비밀 리뷰로 남겨주시니 고객님의 따뜻한 배려에 너무 가슴 뭉클해지고 정말 감사드립니다.
고객님 항상 행복 가득한 날 되시길 진심으로 기원합니다. 감사합니다. (감사)

맛있게 먹고 있는 도중 삼겹살에 붙어있는 기다란 물체! 막국수 면이라고 하던데, 발견 이후부터 거부감이!

사장님

배달의 왕족님, 주문 감사드립니다.
맛있게 드시는 중인데 삼겹살에 막국수 면이 붙어있어서 많이 거북하고 놀라셨죠? (공감)
정말 진심으로 사과드립니다. (사과)
삼겹살 직화구이를 하면 삼겹 기름이 너무 많이 생겨 기름을 따르고 포장 용기에 담는데 막국수 면을 씻어 놓은 소쿠리 밑에 삼겹살 기름 빼는 소쿠리가 놓여 있었답니다.
막국수 씻어서 건져 올리다가 튀어 들어간 모양입니다. (원인 분석)
아무리 바빠도 더 세심히 살피고 조심하겠습니다. (개선 의지)
다시 한번 식사에 불편드려 죄송합니다. (사과)
편안하고 건강한 날들 되시길 바랍니다.
감사합니다. (감사)

홀이 바쁜 피크 시간에 김치찌개에 파리가 들어갔다는 전화가 매장에 걸려 왔다. 전화를 받은 직원이 정중하게 사과를 하자 고객이 다음에는 이런 일 없도록 하라며 전화를 끊었다고 했다. 잠시 뒤 리뷰를 확인해보니 찌개에 파리가 들어간 사진이 비밀 리뷰로 올라와 있고 평점은 5점이었다.

배달의 여왕 >

★★★★★

김치찌개에서 벌레가 나와서 진짜 놀랐어요.
제가 제일 맛있게 시켜 먹는 김치찌개인데,, ㅠㅠ 좀 실망입니다.
리뷰는 비밀 리뷰로 썼으니까 걱정마세요.

사장님

배달의 여왕님, 정말 죄송합니다.
저희 식당 믿고 주문해주셨는데
얼마나 놀라고 당황스러우셨겠어요.
고객님께 불편을 드려 너무 죄송하고 안타깝습니다.
맛있는 식사를 기대하셨을 텐데
소중한 식사 시간을 망쳐드린 것 같아
저도 너무 마음이 무겁습니다.

김치찌개 포장하는 도중에 약간 식힌다고 담아둔 사이에
열린 주방 문틈으로 파리가 들어 온 모양입니다.
정말 죄송합니다. 더 철저히 관리하고 신경 쓰겠습니다.
다음 주문 시 닉네임 알려주시면
꼭 보쌈 정식이라도 서비스해드리고 싶은데
다시 주문 주시면 좋겠습니다.
화가 많이 나셨을 텐데 이렇게 저희 식당의 입장을 배려하여 비밀 리뷰로 말씀해주시니 고객님의 깊은 배려심에 더 잘 해야겠다는 생각을 하게 되네요.
고객님 항상 건강하시고
평안한 저녁 시간 되시길 바랍니다.

사과 리뷰를 올리고 직원들에게 이 고객의 닉네임으로 주문이 들어오면 꼭 보쌈 정식 서비스를 하라고 말해두고 닉네임을 메모해두었다. 불쾌한 기억 때문에 영영 발길을 끊을 수도 있는데 한 달 뒤에 이 고객이 다시 주문을 해왔다. 다시 주문해주셔서 감사하다는 메모와 함께 서비스를 보냈다. 서비스에 감동한 고객이 아주 고맙게 잘 먹었다는 리뷰를 올려주었고 다시 주문하겠다고 했다.

식당의 실수로 인해 고객이 피해를 봤다면 환불을 해주거나 서비스라도 보내서 고객의 마음을 풀어주면 다시 단골 고객이 된다.

한 고객이 음식을 먹다가 쇳조각을 발견했다며 사진을 찍은 리뷰를 올린 적이 있었다. 너무 큰 실수이기 때문에 리뷰에 사과를 하고 가게로 전화를 주면 꼭 환불해드리겠다고 했지만 환불해달라는 전화는 오지 않았다. 쇳조각이 음식에서 나왔다는 사진 리뷰 때문인지 한동안 김치찌개 배달 식당 매출이 추락했다. 리뷰 게시판에 들어갈 때마다 마음이 무거웠다. 평점 낮은 리뷰순 맨 위에 올라와 있는 쇳조각 사진을 본 사람이면 주문하러 들어왔다가 돌아설 게 뻔했다. 그런데 한날 그 쇳조각 사진 리뷰를 남긴 고객의 비밀 리뷰가 올라와 있었다. 다시 못 올 기회라는 생각이 들어서 용기를 내어 고객에게 삭제를 부탁하는 리뷰를 올렸다. 물론 비밀 리뷰이기 때문에 이물질 사진 리뷰 삭제를 부탁했다. 공개 리뷰에 리뷰 삭제를 부탁하면 다른 고객들에게 가게에 대한 나쁜 인상을 줄 수 있다.

배달의 공주 >

★★★★★

저번에 이물질이 나와서 댓글 남긴 사람입니다
음식이 맛있어서 또 시켜요.

사장님

배달의 공주님, 다시 주문해주셔서 감사드립니다.
손님들이 가장 싫어하시는 게 이물질이 음식에 들어가 있는 거라 요즘 정말 음식 만들 때 이물질이 들어가지 않도록 신경을 많이 쓰고 있습니다.
소중한 단골 고객님께 식사에 불편을 드려 저희도 신경 많이 쓰고 노력도 많이 하고 있습니다.
고민고민하다 어렵게 말씀을 꺼내는데요, 혹시 외람된 말씀이지만 고객님 지난번 이물질 사진 리뷰 삭제를 부탁드려도 될까요.
배달 리뷰를 보고 주문을 하는 분들 중에서 특히 처음 오시는 고객님들은 별점 낮은 순부터 조회를 해보는데 이물질 사진을 보면 발길을 돌리는 경우가 많습니다.
저희 배달 식당의 매출이 요즘 많이 떨어져 코로나 시기 직원 여러 명의 생계를 책임지면서 운영하는 게 만만치 않군요. 배달 식당들은 리뷰 하나하나에 매출 영향을 너무나 크게 받고 있습니다.
저희 실수이기 때문에 리뷰 삭제를 부탁드리는 게 많이 조심스럽긴 하지만, 앞으로 더더욱 신경 쓰고 관리 철저히 하는 식당이 되도록 더욱 노력하겠습니다.

고객님 앞날에 행운과 행복이 가득하길 기원하며, 항상 건강하고 행복하시고 좋은 일만 가득하길 바랍니다.
다시 저희 식당 믿고 찾아주셔서 너무 감사드리고 더 나은 모습 보여드리는 식당이 되겠습니다.
오늘 하루도 최고의 하루가 되세요. 감사합니다.

밑져도 본전이라는 생각으로 장문의 부탁 리뷰를 올렸는데 10분 정도 지나자 고객이 이물질 사진 리뷰를 삭제해주었다. 정말 고마운 고객이었다. 진심은 통하는 법이다. 곧바로 감사의 댓글을 올렸다. 음식이 맛있다고 다시 돌아와 준 것만도 고마운데 이물질 사진 리뷰도 삭제해주니 얼마나 고마운지 눈물이 날 지경이었다.

사장님

배달의 공주님,
고객님의 깊은 배려에 정말 감사드립니다.
다음 주문 시 닉네임 꼭 적어주시면
더운 날 시원한 살얼음 막국수도 같이 보내드릴게요.
부디 꼭 받아주시길 부탁드려요. 정말 감사드립니다.

포장 실수로 음식이 빠진 경우나 젓가락 등이 빠진 경우

김치찌개를 시켰는데 김치찌개가 빠져 있고 밥을 시켰는데 밥이 빠져 있다면 화가 나는 건 당연하다. 특히나 배가 고파서 음식을 기다리고 있는데 빠뜨린 음식이나 수저 때문에 한참을 기다려야 한다면 고객은 성난 짐승처럼 폭발하고 만다. 식당에 전화해서 다시 가져다 달라고 하기도 짜증 나고 귀찮아서 고객은 조금도 기다리지 않고 불만 리뷰를 단다.

가게로 전화가 온다면 곧바로 사과하고 배차를 신속하게 잡아서 서비스와 함께 보내주면 오히려 실수를 만회할 수가 있다. 뭐가 빠졌다고 불만 리뷰가 올라왔을 때 진심으로 사과의 리뷰를 달고 다음 주문 시 메모 남겨주시면 서비스 더 챙겨드리겠다고 리뷰를 작성하는 것이 좋다. 실제로 고객이 메모를 남길 시 음료수 서비스와 손 편지 한 장이라도 작성해 배달하면 고객들에게 오히려 좋은 인상도 남기고 단골로도 만들 수 있다. 고맙게도 서비스에 고맙다는 리뷰를 달아주는 고객도 있다.

사소한 것 같지만 수저나 뜯개칼은 정말 잘 챙겨주도록 해야 한다. 단체 손님인데 뜯개칼을 하나만 보내주거나 안 챙겨주면 손님 입장에서는 화가 나게 마련이다. 수저가 없는 곳이나 수저를 사기도 힘든 곳에서 주문하는 고객도 있다. 수저 하나 때문에 배달비를 다시 지불하고 배차 잡아 보내주는 것도 곤란하지만 수저가 다시 배달되는 동안 어떤 손님은 음식이 식는다고 다 뜬은 음식을 환불해달라고 하는 경우도 있다. 주문 요청 사항을 잘 보고 포장 실수를 줄이는 게 가장 좋은 해결책이다.

배달지연 사고가 일어난 경우

천재지변은 사람의 힘으로 어찌할 수가 없다. 태풍이 불고 폭우가 쏟아지는 날에는 배달 업체에 소속된 기사들은 사고의 위험 부담 때문에 배달을 쉬는 경우가 많다. 폭우가 쏟아지는 날은 평소보다 기사들이 부족해 배달지연 사고가 자주 일어난다. 한 시간 이상 배달지연이 되면 음식이 식거나 특히 국수 종류는 심하게 불어서 먹기 힘든 상태가 된다.

고객 중에는 배달지연을 이해하는 사람도 있지만, 화를 내며 항의 전화를 하거나 심한 악성 리뷰를 다는 경우도 많다. 안 그래도 배가 고픈데 음식이 늦게 오거나 다 불어서 오게 되면 얼마나 화가 나겠는가. 그럴 때는 미리 사과 전화를 하고 날씨로

인한 불가피한 사정이 있었다는 사실을 알리도록 한다. 전화를 미리 해서 양해를 구하면 악성 리뷰를 미리 예방할 수 있다.

배달의 왕족 >

★★★★★

배달이 한 시간 넘어서 오는 바람에 고기도 밥도 식고 막국수는 떡이 되어서 오고, 막국수 못 먹고 버렸어요.

사장님

배달의 왕족님, 배달 늦어진 점 사과드립니다.
맛있는 식사를 기다리고 있는데 배달이 늦어지는 일만큼 짜증이 나는 일이 어디 있겠습니까.
어제는 폭우가 정말 심하게 쏟아져서 기사님들은 오지 않고 주문도 두 시간이나 중지할 정도였습니다.
기사님들께서 위험하다고 다들 퇴근하시고 기사님 두 분만 남아서 배송을 하느라 너무 늦어졌습니다.
너무 늦게 배달이 되어 음식도 식고 막국수도 못 드시게 되었으니 많이 화가 나신 건 당연합니다. 다음에는 배달 늦는 일 없도록 조심하고 신경 쓰겠습니다.
고객님 다음 주문 시 닉네임 밝혀주시면 작은 서비스라도 드리고 싶습니다. 꼭 닉네임 적어주세요.
주말 편안하게 보내세요. 항상 감사드립니다.

음식이 상했을 경우

업주 측에서는 고기가 냄새가 난다거나 음식이 상했다는 악성 리뷰가 올라오면 당황하기 마련이다. 상한 음식이 고객에게 나간 것은 음식을 파는 식당에서 절대로 일어나서는 안 되는 일이다. 누가 내 돈 주고 상한 음식을 먹겠는가.

고객이 너무 예민해서 음식에 냄새가 난다고 하는 예도 있긴 하지만 실제로 음식 재료 관리가 잘못되어 음식이 상한 경우도 생길 수 있다. 특히 여름철에는 음식이 금방 상한다.

고객의 불만 제기가 없다면 음식에 문제가 있는지 모르고 지나갈 수도 있는데 불만 리뷰를 다행으로 받아들여야 한다. 상한 음식을 먹은 고객이 식중독이라도 걸린다면 더 큰 문제가 발생할 수 있는데 불만 리뷰를 통해서 미리 예방할 수 있기 때문이다. 고객에게 사과하고 소중한 의견에 감사하다고 해야 한다. 음식이 상했다면 환불 처리도 해주도록 해야 한다.

소시지랑 어묵이랑 상한 맛이 나서 못 먹었어요.

사장님

배달의 왕족님, 믿고 찾아주셨는데 실망을 드려 너무 죄송합니다.
맛난 식사를 기대하셨을 텐데 정말 속상하셨겠어요.
어제는 옆 식당에서 간판 설치 작업을 하다
우리 식당 인터넷 선을 끊어버린 일이 일어났습니다.
그 때문에 전화 주문을 받느라 정신이 없어서
반찬 상태가 어떤지 살펴볼 시간이 없었답니다.
미리 담아두었던 반찬 상태가 어떤지 살펴보지 않아서 문제가 생겼네요. 앞으로는 이런 일이 생기지 않도록 더욱 주의하겠습니다.
더욱더 신선하고 맛난 음식 준비해드리도록 신경을 쓰겠습니다.
믿고 다시 방문해주신다면 이전보다 더 나은 모습 보여드리는 식당이 되겠습니다.
늘 좋은 날 되세요. 감사합니다.

이렇게 상황을 잘 설명하고 진솔한 사과를 하고 나니 이 손님은 한 달 뒤부터 예전처럼 열심히 방문하는 단골로 되돌아왔다.

음식이 식었거나 퍼졌을 경우

배달 식당의 고객들은 음식의 온도에 민감하다. 따뜻한 음식은 따뜻하게 찬 음식은 차게 먹어야 맛있다. 배달의 특성상 음식의 온도가 변하기 마련이지만 고객들 입장에서는 식은 음식이 오면 화가 나는 게 당연하다. 특히 겨울에는 음식이 금방 식고 여름에는 차가운 음식도 금방 미지근하게 변해버린다.

포장할 때 차가운 음식을 뜨거운 음식 위에 올리지 않도록 주의하고 면은 퍼지지 않도록 배차가 잡히고 나서 조리를 시작하는 등 주의가 필요하다.

배송이 지연되거나 기사들이 다른 업소를 들러서 묶음배송을 하면 음식이 식거나 면 종류(막국수, 냉면, 국수, 라면)는 퍼져 있을 때가 있다. 이 경우 불만 리뷰가 올라올 때가 많은데 고객에게 차후 이런 일이 없도록 하겠다고 정중히 사과해야 한다.

배달의 왕족 >

★★★★★

막국수는 떡 돼서 오고 된장찌개도 다 식어서 오고

고기는 터벅터벅하고 좀 심하네요.

다른 가게는 어떻게 하는지 좀 보셔야 할 듯.

사장님

배달의 왕족님, 식사에 불편을 끼쳐 정말 죄송합니다.
요즘 코로나 재유행으로 주문이 폭주해서
배달 기사님들 배차가 많이 늦어졌습니다.
막국수는 곧바로 30분 정도 안에 고객님께 배달되어야 면이 퍼지지 않는데 배달이 많이 지연되어서 면이 퍼지고 들러붙었네요.
그리고 고기도 배달되는 도중 식고 육즙이 빠져 수분이 줄어들어 고기가 퍽퍽해졌군요.
막국수는 곁들여 드린 육수를 부으면 면이 잘 풀어지고 다시 쫄깃해지는데 너무 바빠 메모도 못 붙여드린 점 정말 죄송합니다.
고기도 살코기 부위가 더 많이 들어가서 좀 퍽퍽해진 모양입니다.
담에는 살코기와 지방의 부위가 적절하게 섞여 있는 부분으로 드리겠습니다.
배달도 좀 더 빨리 갈 수 있도록 업체와 상의해서
다음에는 늦지 않도록 하겠습니다.
고객님 다시 한번 진심으로 사과드립니다.
늘 좋은 날 되시길 바랍니다.

김치도 맛있고 고기 된장찌개 모두 괜찮았는데
밥이 차가워서 별로였어요.

사장님

배달의 왕족님, 주문 감사합니다.
밥이 식어 식사에 불편드려 죄송합니다.
고객님들에 대한 우리 식당의 뜨거운 사랑을 담아
아주 뜨겁고 따스한 밥으로 드릴 수 있도록
더욱 최선을 다하겠습니다.
요즘 날이 꽤 추워져서인지
배달되는 도중 식는 일이 있는데
기사님들께 다른 식당 들러서 묶음 배송하지 말고
바로 배달이 되도록 해달라고
간곡히 부탁드려 놓겠습니다.

너무 진중하게 리뷰를 다는 것보다는 약간 위트 있게 댓글을 다는 것도 좋은 방법이다.

직원 전화 응대가 잘못된 경우

고객들은 음식에 문제가 있거나 배달이 지연될 때 가게로 일단 전화해서 따지거나 문의를 한다. 화가 난 고객이 흥분한 상태로 전화를 해오면 당황해서 버벅대거나 전화 응대를 잘못하는 때도 있다. 일단 차분하게 듣고 사과부터 해야 한다. 당황해서 전화 응대를 잘못하거나 사과를 하지 않으면 고객은 화가 나서 불만을 리뷰로 올리게 되니 고객에게 일단 진심 어린 사과를 하도록 한다.

고객들은 전화상이라 지금 식당이 얼마나 바쁜지, 홀에서 손님들이 얼마나 급하게 호출을 하는지 전혀 알지를 못한다. 알아도 업주의 상황에 대해 1도 배려를 하지 않는다. 그러므로 아무리 급해도 최대한 차분하게 전화를 받을 수 있어야 한다. 급하게 일을 처리하거나 전화 통화를 하다 보면 실수가 잦아지고 일은 더 꼬이게 된다.

음식 조리가 잘못되었을 때

조리 실수로 간 조절이 잘못되거나 고기가 덜 익었거나 바짝 익었을 때도 사과를 곧바로 해야 한다. 식당에서는 당연히 맛나고 좋은 음식을 제공해야 하는 의무가 있다. 손님으로선 내 돈 주고 내가 사 먹는 음식인데 당연히 맛난 음식을 기대한다. 기왕이면 좋은 음식을 기분 좋게 먹고 싶지 않겠는가. 너무 짜거나, 음식이 탔거나, 식은 음식을 먹는 손님은 곧바로 불만 리뷰를 달거나 다른 식당으로 발길을 돌리게 된다. 진심으로 손님에게 사과하고 다음에는 정말 좋은 음식을 대접하겠다고 해야 한다.

배송 중 포장이 터져 음식이 흘렀을 경우

음식을 받았는데 포장이 터져 있으면 기분이 엄청 나빠지는 건 당연하다. 포장 봉투 안에 음식 국물이 흘렀거나 음식물이 묻어서 진득하고 냄새가 진동하는 음식을 받았을 때 기분 좋은 사람이 누가 있겠는가. 그것은 물건을 샀는데 망가진 물건을 받은 것과 마찬가지다. 일단 포장을 꼼꼼하게 확인하고 보내는 것이 우선이고 배달 기사에게도 조심히 배달하도록 요청해야 한다. 기사가 배달 상자에 물건을 한꺼번에 밀어 넣어서 포장이 터진 거라면 기사의 실수라는 점을 고객에게도 알리고 다음에는 이런 일이 없도록 하겠다고 해야 한다. 그리고 포장이 새지 않게 배달될 방법을 찾아서 대책을 세우도록 해야 한다. 포장 용기를 바꾸거나 이중 포장을 하는 것도 좋은 방법이다.

배달 기사의 배달 실수

배달 기사가 주소를 잘못 보고 엉뚱한 집으로 배달한 경우 음식이 오기만 기다리던 고객은 화가 치미는 게 당연하다. 배달 기사의 잘못이지만 즉각적으로 고객에게 전화해서 양해를 구하고 배달이 제대로 될 수 있도록 조치해야 한다. 만약 불만 리뷰가 올라오면 고객에게 진심으로 사과를 하는 것이 좋다.

배달 기사가 배송 요청 사항을 안 보고 벨을 한밤중에 눌렀거나 문을 두드렸을 경우나 불친절했다는 불만 리뷰가 올라올 때도 업주가 대신 사과를 해야 한다.

아기를 힘들게 재워놨는데 기사가 벨을 눌러 아기가 깨면 엄마들은 신경질이 나기 마련이다.

배달 기사의 실수가 반복되어서 불만 리뷰가 올라 오지 않도록 기사들에게도 요청 사항 잘 지켜달라고 부탁하고 업체에도 요청해서 이런 실수가 반복되지 않도록 배달 기사들을 교육해달라고 요청해야 한다. 배송 요청 사항을 안 본 배달 기사 때문에 평점 테러가 일어나거나 악성 리뷰가 달리면 캡처를 해서 배달 대행 업체에 교육해달라고 반드시 요청하자.

업주 측에서는 배달 기사의 실수 때문에 올라온 불만 리뷰와 평점 테러에 억울할 수밖에 없다. 배달 기사가 불친절해도 업주가 고객에게 사과해야 하고 기사가 배달 실수를 해도 기사 대신 업주가 사과해야만 한다.

배달비도 비싼데 ㅠㅠ
중앙 현관 비밀번호 알려주고 문 앞에 놔두고 문자 달라 했어요.
배달원이 인터폰을 했던데 배달 요청 사항 전혀 의미가 없네요.
아기가 깬다고 그렇게 부탁을 했는데ㅜㅜ

사장님

배달의 왕족님, 주문 감사드립니다.

배달 기사님께서 배달 주의 사항을 지키지 않아

정말 불편하고 속상하셨겠어요.

저라도 속이 많이 상하고 화가 났을 겁니다.

제가 기사님을 대신하여 사과드립니다.

배달 대행 업체 사장님께

기사님들 교육을 단단히 해달라고

부탁드려 놓았답니다.

그리고 저희 가게에서도 기사님들 배달 가실 때

요청 사항과 주의 사항을 잘 지키라고

배달 가실 때마다 주의 드리고 있습니다.

고객님 다음에 오실 때에는 더 만족하실 수 있도록

더 최선을 다하겠습니다.

항상 행복하시고 좋은 날들 되세요.

감사드려요.

고객의 요청 사항을 못 보고 실수한 경우

고객이 수저를 빼달라고 하거나 조금 맵게 해달라고 하거나 쌈장이나 소스 더 달라고 하거나 아무리 사소한 요청이라 하더라도 빠뜨리는 실수를 하면 고객들은 분노한다. 고객 중 블랙컨슈머들은 자신들의 요청 사항이 제대로 지켜지지 않으면 무시당했다고 느껴 평점 테러를 하거나 악성 리뷰를 달곤 한다. 내가 돈을 주고 주문을 했으니 최고의 대접을 받아야 한다고 생각해 식당의 작은 실수 하나도 용납하지 않는다. 요청 사항을 꼼꼼히 잘 보고 잘 챙겨 이런 상황을 안 만드는 게 가장 좋겠지만 만약 불만 리뷰가 올라온다면 다음에는 더 신경 쓰겠다고 사과를 해야 한다.

배달의 왕족 >

★★★★★

일회용 숟가락 안 받는 버튼을 누른 적이 없는데
젓가락이 안 왔어요.
젓가락 구해오는 동안 막국수가 떡처럼 완전히 퍼져서
맛도 없었어요.
그래서 1점

사장님

배달의 왕족님,
수저를 빠뜨려 식사에 불편 끼쳐 죄송합니다.
배도 고프고 식사만 기다리고 있는데 젓가락이 없어서
화도 나고 아주 당황스러우셨죠.
막국수가 조금 불었다 해도 같이 드린 육수를 부어서
드시면 다시 쫄깃해지고 잘 풀어진답니다.
다음부터는 숟가락 빠뜨리지 않도록
더 조심하고 신경 쓰도록 하겠습니다.
항상 좋은 날 되세요. 감사합니다.

젓가락 빠뜨렸다고 1점이라니! 하지만 억울해도 어쩌겠는가. 실수하지 않았다면 평점 테러가 일어나진 않았을 것이다. 트집을 잡으려는 사람은 온갖 것에 트집을 다 잡으니까 요청 사항을 잘 봐야만 한다. 고객의 요청 사항을 놓치지 않도록 주문서 요청 사항에 붉은 매직으로 줄을 치는 것도 실수하지 않는 하나의 방법이다. 실수를 안 하는 것이 평점 테러를 막는 가장 좋은 예방책이다.

불만 고객을 단골로 만드는 사장님 댓글

불만 리뷰가 오히려 식당을 살리는 보약이다

불만 리뷰에서 거론되는 문제를 신속하게 해결하기

새해 연휴가 지난 지 얼마 안 되어 별점 1점 불만 리뷰가 올라왔다. 보쌈에서 단 한 번도 냄새난다는 말이 없었는데 냄새난다는 말은 좀 충격적이었다. 손님들이 가장 싫어하는 것이 고기에서 냄새가 나는 것이다. 냄새가 난다는 건 고기가 신선하지 않고 품질이 나쁘다는 것인데 누가 돈을 주고 품질이 나쁘고 냄새나는 음식을 먹겠는가.

냄새납니다. 삶은 뒤 오래 놔두고 테두리가 딱딱하게 씹히고
냄새가 나네요
삶은 지 오래된 뒤 썰어 내는 거 같은데
배달이 오래된 거 아닙니다.

사장님

배달의 왕족님
새해 복 많이 받으세요. 주문 감사합니다.
저희 믿고 주문해주셨는데 실망 드려 죄송합니다.
사진으로 보기에도 조금 끝이 마른 부분이 보이네요.
보쌈 보관상의 문제로 수분이 말라서 딱딱해진 것 같은데 저희 불찰입니다. 관리에 더욱 신경 쓰겠습니다.
저희 보쌈은 몸에 좋은 열 가지 한약재와 함께 삶아내기 때문에 한약 향이 약간 날 수가 있습니다.
흑돼지 삼겹살 보쌈이라 비계와 살코기의 비율이 적당해서 부드럽게 드실 수 있는 보쌈인데 많은 아쉬움을 드렸군요.
더 신경 쓰고 더 나은 모습 보여드리는 식당이 되겠습니다. 건강 조심하시고 항상 좋은 날 되세요.

업주로서는 음식 맛에 대한 불만, 식당의 서비스에 대한 불만, 포장 실수에 대한 불만, 기타 고객들의 다양한 불만 리뷰들이 올라오면 짜증부터 나고 당연히 화부터 날 수밖에 없다. 하지만 고객의 불만 리뷰에 좀 더 마음을 열고 귀를 기울여야 한다. 음식에 문제가 있으면 사과를 하고, 다른 손님들이 오해할 수도 있기 때문에 음식에 큰 이상이 없음을 사장님 댓글로 해명해야 한다.

매일 삶아도 고기 상태나 품질이 안 좋으면 냄새가 날 수도 있으니 확인해보고 품질이 더 좋은 고기로 바꾸어야 한다. 만약 고기에 진짜 문제가 있다면 손님들도 떠나고 매출도 하락할 것이다. 불만 리뷰 덕분에 빨리 문제를 예방할 수 있으므로 오히려 고맙게 생각해야 할 것이다.

자 관점을 바꿔보자. 고객 불만 리뷰가 단순한 불만이 아니라 식당을 키워주는 보약이 될 수도 있다. 간이 짜다, 싱겁다, 고기에 냄새가 난다, 야채가 썩었다, 머리카락이 나온다, 이물질이 나왔다, 배달이 늦다, 배달 기사가 불친절하다 등등의 리뷰가 올라오면 업주는 화가 치민다. 어떻게 하면 이 악성 리뷰를 사라지게 만들 수 있을까부터 고민한다. 평점 테러와 악성 리뷰 때문에 주문이 안 들어오고 매출이 떨어지기 때문이다.

불만 리뷰와 악성 리뷰를 고객이 자진 삭제해주면 좋겠지만 그럴 가망성은 거의 없다. 불만 리뷰에 자주 올라오는 항목들을 식당 운영 매뉴얼로 만들어 대책을 세우도록 하자.

음식 조리 시 주의 사항 매뉴얼을 만들고, 배달 포장 매뉴얼도 만들어 주의 사항을 가게에 붙여놓으면 음식의 수준과 질도 점점 좋아지고 배달 실수도 줄일 수 있다. 또 대행 업체 기사들에게도 부탁하는 매뉴얼을 써서 붙여놓도록 하자.(배달 관련 주의 사항 매뉴얼은 뒷장에서 구체적인 예를 들도록 하겠다.)

결과적으로 고객들의 불만을 식당 운영에 적극적으로 반영한다면 불만 리뷰의 근본 원인을 제거할 수 있고 식당 운영에도 큰 도움이 될 수 있다. 이 때문에 불만 리뷰 하나도 허투루 흘려보지 않고 식당 운영의 보약으로 만들어야 한다. 불만 리뷰에 자주 올라오는 불만 사례들을 식당의 면역력을 높이는 백신으로 만들어보자.

실수는 단골을 만들 수 있는 절호의 기회다

포장 실수로 공깃밥이나 음료수, 음식을 빠뜨렸을 시에 가게로 전화가 오면 실수를 만회할 기회가 생긴다. 고객이 원하는

대로 환불 처리를 해주거나 다시 배차를 잡아서 서비스 품목 하나라도 더 챙겨주면서 미안하다는 쪽지와 함께 다시 배달해 준다면 손님들은 금방 화가 풀어진다. 식당이 얼마나 친절하게 대처를 잘 해주었는지 서비스까지 챙겨주었다고 감사의 리뷰를 달아주는 경우가 많다. 실수를 오히려 고객의 마음을 꽉 잡을 기회로 만들 수 있다.

하지만 고객들은 음식을 빠뜨리는 실수를 했을 때 가게로 전화도 주지 않고 바로 불만 댓글을 다는 경우도 많다. 이때는 고객에게 정말 미안함을 진심으로 표하고 다음 주문 시 메모 남겨주면 서비스까지 잘 챙겨드리겠다고 답글을 달아주어야 한다. 그리고 고객의 닉네임을 잘 적어 두었다가 서비스를 챙겨주면 불만 고객이 오히려 단골로 바뀔 수가 있다.

고객의 불만 리뷰를 삭제하도록 만드는 사장님 댓글의 힘

고객 중에는 불만 리뷰를 삭제해주는 고마운 고객도 있다. 홧김에 평점 테러를 했다가 사장님의 진솔한 사과 댓글이나 해명 글을 보고 마음이 바뀌어서 불만 리뷰를 삭제해주는 때도 있다. 물론 삭제를 안 해주는 경우가 더 많지만, 별점을 높여주기도 하고 홧김에 평점 테러했다가 삭제해주는 고객도 있으니 밑져야 본전이니 진심을 담아 간곡하게 사장님 댓글을 달아보도록 하자.

배달의 왕족 >

★★★★★

심해도 너무 심해서 별 한 개 드립니다.
나름 자주 시켰고, 단골인데 왜 뜯개칼도 안 주고
수저 없이 어떻게 밥 먹으라고 수저도 안 주시나요.
원룸이라 수저 두 개로 여섯 명이 밥을 겨우 먹었어요.
생각할수록 진짜 열 받네요.

사장님

배달의 왕족님, 식사에 불편을 끼쳐 정말 죄송합니다.
단골 고객님께 이런 큰 실수를 하다니 정말 죄송합니다.
맛난 식사를 기대하고 주문을 하셨는데 수저도
안 챙겨드리고 뜯개칼도 안 드렸으니
얼마나 당황스럽고 화가 나셨겠어요.
오늘 포장 전담 직원이 쉬는 날이어서 제가 마감 시간에 다른 일을 하면서 포장을 했는데 큰 실수를 했네요.
마감 시간에 주문이 한꺼번에 들어왔는데 직원들 퇴근시키고 혼자 하다 보니 실수가 있었습니다.
다음에는 이런 일이 없도록 정말 정신 바짝 차리고 일하겠습니다.
고객님 다시 한번 사과드립니다. 주말 편안하고 건강하게 보내시고 날마다 좋은 날 되시길 바랍니다.

이 고객은 며칠 뒤 화가 풀렸는지 별점 1점 리뷰를 삭제해주었다. 고객은 순간적으로 화가 나서 별점 테러를 했지만, 진심 어린 사과를 받고 나서 자신이 좀 심했다는 생각이 들었는지 리뷰를 삭제해준 것이다.

아래의 리뷰는 오전 시간에 올라온 악성 리뷰다. 오전에 악성 리뷰가 올라오면 매출에 심한 타격을 입는다. 좋은 리뷰가 많으면 손님들이 좋은 리뷰를 달고 악성 리뷰가 달려 있으면 줄줄이 악성 리뷰를 달 때도 있다. 무엇보다 주문이 눈에 띄게 줄어든다. 악성 리뷰가 종일 리뷰 게시판을 차지하고 있으면 신규 손님들은 발길을 돌린다. 악성 리뷰가 계속 맨 윗자리를 차지하고 있으면 사장 본인의 멘탈 관리에도 나쁜 영향을 미친다. 될 수 있으면 해명 답글을 빨리 달아야 한다.

보쌈이 터벅하고 맛도 하나도 없고, 최악입니다.
보쌈 오늘 삶은 게 아니라 어제 팔다 남은 것 맞죠.
이런 거 먹자고
배달비를 4천 원이나 쓰다니! 다시는 주문 안 합니다.

사장님

배달의 왕족님, 새해 복 많이 받으세요.
또 와주셨네요. 보쌈 맛집 랭킹 1위 백년보쌈 주문 감사합니다.
새해가 시작되자마자 믿고 찾아주셨는데
식사에 큰 아쉬움을 드려 죄송합니다.
지난번에는 엄청 맛나다고 칭찬하신 고객님께
새해 들어 첫 평점 테러를 받으니 매우 안타깝네요.
음식에 아쉬운 점이 있어도 코로나 제일선에서 싸우고
있는 식당을 새해엔 응원해주시길 부탁드려요.
우리 식당은 맛집 랭킹 1위 식당답게 주문량이 많아
고기는 매일매일 삶고 보쌈김치도 그날그날 담아서 나가고 있습니다.
고객님께서 드신 음식은 비계 부위보다 살코기가 많이
들어갔군요.
겨울이라 보쌈이 배달되는 도중 식으면 좀 퍽퍽할 수도 있답니다. 수분이 날아가지 않게 잘 보관을 못 한 저희 불찰이군요.
앞으로 더 나은 모습 보여드리도록 하겠습니다.
코로나 조심하시고 항상 건강하세요. 감사합니다.

이 댓글을 단지 5분도 안 되어서 리뷰가 삭제되었다. 다른 손님들에게 오해를 사지 않기 위해 댓글을 달았는데 악성 리뷰를 단 손님이 스스로 삭제를 해주었으니 정말 다행이었다.

삭제해준 이유를 미루어 짐작해 보건대, 좀 미안했을 수도 있고 코로나로 힘든데 응원 부탁드린다는 말에 약간 미안함을 느꼈을 수도 있겠다는 생각이 들었다. 어떤 상황에서도 고객을 비난하지 말고 원망하는 느낌을 풍기지 않도록 해야 한다.

어떤 손님은 맛있다고 하면서 별 세 개를 달았다. 맛있다고 하면서 별 한 개를 다는 손님도 있었는데 손님에게 기분 나쁘지 않게 댓글을 달았더니 금방 별 다섯 개로 수정을 해주었다.

손님이 실수로 별 체크를 잘못하고 잊어먹는 수도 있으므로 조심스럽고 기분 나쁘지 않게 수정해달라고 돌려서 부탁을 해보면 어떨까. 수정을 안 해주는 손님이 많긴 하지만 밑져야 본전이다.

사장님

배달의 왕족님,

새해 복 많이 받으시고 항상 건강하세요.

행복을 보쌈해드리는 백년보쌈 방문을 환영합니다.

음식 맛있게 드시는 분은 복이 들어온대요.

고객님 올해 복 왕창 받으실 거예요.

맛있게 드셨다면 별 다섯 개로 응원해주시면

새해에 아주 큰 힘이 될 것 같군요.

고객님 2021년 새해에는 행복 가득하시고

행운이 왕창 쏟아지시길 바랍니다. 감사드립니다.

배달의 왕족 >

★★★★★

국밥 포장을 뜯었는데

이렇게 모기가 들어 있었어요.

기분 망쳐서 먹을 맛이 안 났지만

건져내고 겨우 먹었어요.

사장님

정말 죄송합니다. (사과)

맛난 식사를 기대하고 기다리셨을 텐데

모기 때문에 얼마나 놀라고 당황스럽고 기분이 상하셨을까요.

저라도 정말 화나고 기분 나빴을 겁니다. (공감)

너무 죄송합니다. (사과)

전적으로 저희 실수입니다. 곧바로 전화주시면 환불해 드리겠습니다. (문제 해결) 가게로 꼭 전화해 주세요.

정기적인 방역을 하고 있긴 하지만 가을 모기가 사라지질 않네요.

외부에서 날아들어 오는 모기가

음식에 들어간 걸 모르고 포장을 한 것 같은데

다음에는 더 조심하고 잘 살펴서

이런 일이 일어나지 않도록 하겠습니다. (원인 분석과 개선 의지)

다시 한번 사과의 말씀 드립니다. (사과)

환절기 건강 조심하시고 날마다 좋은 날 되셔요.

감사합니다. (감사)

실제로 모기가 국밥에 들어간 사진을 올린 손님은 사과의 댓글을 올리자마자 모기 사진 리뷰를 삭제해주었다. 손님이 진짜 원한 것은 금전적인 보상보다는 업주의 진심 어린 사과와 공감이다.

진심 어린 사과와 공감으로 고객의 평점 테러를 막고 불만 리뷰를 삭제하도록 만든다면 평점 하락도 막을 수 있고 손님들의 이탈도 막을 수 있다. 사장님 댓글은 잘만 활용하면 악성 리뷰를 막아내는 가장 강력한 방패로 사용할 수 있다.

고객 주문 수 올리는 배달 식당 리뷰 마케팅 비법

배달앱의 맛집 랭킹 순위에 들어가면 배달 주문이 많아진다. 맛집 랭킹에 들어가려면 재주문율, 주문 수, 평점, 리뷰 수가 중요하다. 가장 중요한 것은 재주문율이다.

단골을 많이 확보해서 재주문율이 높아지게 만들어야 한다. 재주문율이 높아지도록 하기 위해서는 맛이 좋아야 하는 건 기본이다. 방문 고객이 많아야 맛있는 식당이라고 입소문이 나고 재주문도 늘어난다.

맛집 랭킹에 올라가기 위해서는 일단 평점도 좋아야 하지만 리뷰 숫자가 많이 쌓이는 것이 유리하다. 리뷰 수가 많으면 손님들이 믿고 주문을 한다. 리뷰를 많이 받기 위해서는 어떻게 해야 할까.

우수 리뷰 이벤트를 하자

리뷰 이벤트를 하는 이유는 좋은 리뷰가 많아야 고객들이 주문을 많이 하기 때문이다. 그런데 큰 비용을 들여 리뷰 이벤트를 해도 보람이 없는 경우도 있다.

리뷰 이벤트를 하면 그냥 맛있어요, 잘 먹었어요 하며 한마디만 하거나 리뷰 이벤트 음식을 받아먹고 먹튀를 하는 고객들도 있다. 이럴 때는 찜을 하고 닉네임을 기재해야 리뷰 서비스를 드린다고 공지사항에 게시해두면 리뷰 먹튀를 줄일 수 있다.

이왕에 리뷰 이벤트를 할 거면 좀 더 효과적으로 하자. 음식은 눈으로 먼저 먹는다. 먹음직스러운 음식 사진을 보면 먹고 싶다는 욕구가 생긴다. 아주 맛깔스러운 음식 사진이 고객들의 주문을 유도한다. 먹음직스럽게 찍은 사진 리뷰가 많아야 주문율이 높아진다. 주문 수가 많아지게 하려면 맛있게 보이는 음식 사진이 들어간 리뷰가 많이 쌓여야 한다. 사진 리뷰가 많이 쌓이게 하려면 어떤 방법이 있을까.

우수 사진 리뷰를 뽑아서 당첨 선물로 식당의 인기 메뉴를 보내주는 이벤트를 실시해보자. 보기 좋은 떡이 더 먹음직스러운 법이다. 사진도 없이 맛있어요, 한마디 써놓은 글 리뷰는 사진 리뷰보다는 주목성과 리뷰 질이 많이 떨어지는 것이 사실이다. 글 리뷰 한 줄보다는 먹음직스러운 음식 사진이 있는 리뷰가 더 보기에 좋고 신규 고객을 유치하는 데 큰 도움이 된다.

우수 사진 리뷰 이벤트를 실시해보면 효과가 금방 나타난다. 보기 좋은 사진 리뷰가 많이 올라오는 게 눈에 보이고 고객들의 방문 수도 증가한다. 우수 리뷰 당첨 선물로 매달 5~6만 원 정도만 쓰면 배달의민족 울트라콜 광고 깃발 하나를 꽂는 것보다 훨씬 효과가 좋다.

우수 리뷰 이벤트를 통해서 식당의 홍보 대사를 확보할 수도 있다. 우수 리뷰 이벤트를 통해 공짜로 음식 선물을 받은 고객은 그 식당을 홍보해주는 충성고객이 되어 준다. 우수 리뷰 이벤트 선물을 받은 고객 대부분이 고마운 마음에 아주 장문의 식당 홍보 리뷰를 재능기부처럼 써주는 경우가 많다. 일종의 식당 펜클럽 회원인 충성고객이 생기면 식당의 홍보에 큰 도움이 된다.

충성고객 한 사람이 얼마나 식당의 매출과 홍보에 큰 도움이 되는지 아래의 리뷰로 알 수 있다. 두 사람 다 우수 리뷰 당첨자이다.

우유조아 >
★★★★★

사장님 저 기억하시나요?
저 일이 있어 잠시 다른 곳에 있다가 다시 이 동네로 이사했어요. ㅎㅎ 오자마자 바로 시켰어요. 이 집만큼 맛나는 데가 없거등요. 양도 양이지만 고기가 너무 맛있어요.
밥도 고슬고슬, 반찬도 더 맛있어졌어요. 삼겹살도 쫀득하니 심지어 된장찌개에 바지락, 두부, 애호박, 버섯, 고추 이렇게 많이 들어가 있는데 정말 맛있어요.
혹시나 여기 시킬까 말까 리뷰 보시는 분들! 믿고 여기서 시켜드세요. 여기는 삼겹살만 맛나는 게 아니라 보쌈도 완전 대박 맛있어요.
저는 이 집이 너무 잘 되었으면 좋겠어요. 음식도 맛나지만 사장님이 너무 친절하셔서 이 맛집 널리 널리 알리고 싶어요. 음식 위에 붙여주시는 손 쪽지도 너무 감동입니다.
정말 단골 리뷰이고 너무 맛있어서 쓰는 글입니다. ㅎㅎ 이 가게는 진심 정말 잘되었으면 좋겠어요.
사장님 항상 행복하시고 모든 일 잘되세요.

이렇게 장문의 리뷰를 올려준 고객은 우수 리뷰 이벤트 당첨자였는데, 주인 이상으로 가게 홍보를 정성스럽게 해주었다. 본인이 본인 칭찬을 하면 잘난 척이지만 남들이 대신 칭찬을 하면 더 효과가 큰 법이다. 이런 멋진 리뷰가 한번 올라오면 주인이 직접 광고하는 것보다 열 배 스무 배는 홍보 효과가 있다. 그리고 얼마 전 우수 리뷰 당첨자인 한 고객의 비밀 리뷰가 올라온 적이 있었다. 무슨 문제가 있나 싶어 걱정스런 마음으로 비밀 리뷰를 읽어보니 아래와 같은 내용이었다.

배달집쑤니 >

★★★★★

오랜만이에요 사장님!! 역시나 보쌈 넘넘 맛납니다.
저번 달에 우수 리뷰 당첨이라고 알려주셨는데 왠지 미안해서 연락 못 드렸어요!! 정말 감사합니다! 소중한 마음만 받겠습니다~ 그래도 끝까지 단골할거니까 걱정 마세요^^:)
오늘 음식에서 좀 문제가 있어서 사장님께만 보이도록 리뷰 남겨요. 보쌈 김치에서 줄기가 전혀 안 버무려져 있었어요. 밑에 양념을 칠해서 먹었어요. 사람이 하는 일이니 완벽할 수는 없지만 그래도 김치 점검 한번 해주세용~
혹시 다른 집에 덜 버무려진 김치가 배달되어 제가 좋아하는 백년

보쌈이 한소리 듣는 건 제가 넘 속상해서요ㅜㅜㅠ 감사합니다.

이 리뷰를 보는 순간 정말 그동안의 모든 진상 손님이나 악플러 때문에 속상했던 일, 분노, 억울한 감정들이 한순간에 눈 녹듯 녹아내리는 느낌이었다. 온라인 공간에도 이렇게 따뜻한 정이 흐를 수 있구나, 하고 손님에게 깊은 감동을 받았다.

단골 고객을 넘어 식당을 사랑해주는 충성고객들이 식당을 살려주는 일등공신이다. 충성고객을 만드는 건 바로 음식의 맛과 꾸준하게 손님과 소통하면서 신뢰를 쌓도록 해준 사장님 댓글이다.

찜 이벤트를 하자

단골이 많으면 재주문율이 높아져 맛집 선정에 유리하다. 맛집 선정 기준에는 여러 가지가 있는데 단골이 자주 주문하게 되면 재주문율이 높아진다. 재주문이 많으면 맛집 랭킹 순위에 올라가는 것도 유리하고 주문도 점점 늘어난다.

신규 고객을 단골로 만들기 위해서는 찜이 가장 중요하다.

일단 손님들이 찜을 해두어야 다음에도 재주문할 가능성이 커진다. 리뷰 이벤트를 했는데 힘들여 만든 음식만 받아먹고 찜도 하지 않고 리뷰 작성도 않고 먹튀를 하는 얌체 같은 고객들이 많다. 고객들이 소중한 시간을 내서 사진을 찍고 리뷰 한 줄 써주는 대가로 리뷰 이벤트를 실시하는데 먹튀를 하고 도망가버리면 정말 허탈하다. 리뷰를 형식적으로 썼다고 해도 찜을 해두지 않으면 다시 주문할 가능성은 줄어든다. 찜을 해두어야 먹고 싶은 음식이 있을 때 주문할 가능성이 커진다. 그 때문에 많은 배달 식당들은 찜 수를 높이려고 안간힘을 쓴다.

찜을 누르면서 별 다섯 개도 부탁한다는 메모도 적고 찜 서비스를 제공하면, 평점도 높아지고 찜 수를 빨리 늘릴 수가 있다. 닉네임을 기재해야 찜 서비스를 제공하는 것은 필수다. 찜을 하고 리뷰를 쓴 고객에게 음료수 등의 작은 소정의 선물을 보내면 찜 개수를 단기간에 올릴 수 있다. 찜을 하고 리뷰를 단 고객에게 정성껏 사장님 댓글을 잘 달아준다면 단골이 될 가능성이 커진다. 단골이 늘면 재주문도 늘고 맛집 순위에 진입할 가능성도 커지는 것이다. 찜 이벤트를 악용해 반복적으로 신청하는 고객들도 있으므로 찜 이벤트는 찜 수가 1000개가 되면 중지하고 리뷰 서비스만 하는 것이 좋다.

불만 리뷰에 지혜롭게 대응하는 사장님의 자세

불만 리뷰에 대응하는 세 가지 방법

고객들의 불만 리뷰에 대응하는 사장들의 태도는 세 가지다.

첫째, 리뷰를 아예 달지 않는 경우이다.

손님이 악성 리뷰를 달든 어쨌든 나는 내 길만 간다는 건데 일단 음식 맛에 자신이 있고 사장의 멘탈이 좋다면 권할 만한 방법이다. 하지만 단골 관리나 고객과의 소통은 부족하다는 단점이 있다. 어떤 악성 리뷰에도 대범할 수 있는 강심장이라면 권할 만한 방법이다. 단 음식의 맛이 누구라도 인정할 만큼 좋아야 한다.

어느 매운 닭발집 사장님은 악성 리뷰를 다는 손님에게 '입맛에 맞는 다른 식당에 가라'고 아주 강한 리뷰를 달다가 요즘은 아예 사장님 댓글도 달지 않는다. 그런데도 주문 수도 많고 맛집 랭킹에도 진입해 있다. 매운 닭발 맛 하나는 누구라도 인정할 수밖에 없으므로 단골들이 계속 찾아주는 덕분이다. 중독성 있는 매운맛은 매니아 층이 많아 재주문이 많은 편이다.

그리고 한 국밥집도 어느 정도 단골을 확보한 뒤에는 사장님 댓글을 달지 않고도 평점 5.0에 맛집 랭킹 상위권에 들어와 있는데, 그 이유는 맛이 일단 뛰어난 덕분이다. 그 집 국밥에 입맛이 길들여진 고객들, 단골들이 많이 있기 때문이다.

음식 맛에 자신만 있다면 권할 만한 방법이다. 댓글 관리에 신경을 쓸 시간에 식당 운영에만 몰입할 수 있어서 스트레스도 덜 받고 시간 절약도 할 수 있다는 장점이 있다.

둘째, 사장님 댓글을 아주 많이 공들여 열심히 쓰긴 하지만 역효과를 내는 경우이다.

고객이 감정적인 불만 리뷰를 올렸는데 사장도 감정적으로 대응을 해서 그 고객뿐 아니라 다른 고객들까지 쫓아내는 경우다. 이럴 때는 아예 댓글을 달지 않는 것이 더 낫다.

구맹주산(狗猛酒酸)이란 사자성어가 있다. 술을 파는 주막에 사나운 개가 있으면 장사가 잘 안되어서 술이 상한다는 말이다. 즉 주인이 댓글을 감정적으로 달면 손님을 쫓아내는 역효과가 생긴다. 점점 장사는 안되고 매출은 떨어지게 된다. 특히나 악플러들은 사장님이 감정적인 댓글을 달기만을 기다린다. 말꼬리를 끝없이 물고 늘어지며 트집을 잡기 때문에 그 함정에 빠져선 절대 안 된다. 댓글 싸움을 오히려 신나는 게임처럼 즐기는 악플러의 그물에 걸려들 수가 있다.

셋째, 스트레스받지 않고 사장님 댓글을 즐겁게 다는 경우이다. 정신 건강에도 좋고 매출에도 도움을 줄 수 있으니 이 방법이 제일 좋다. 바로 사장님 댓글 달기를 아주 즐거운 연애편지 쓰는 것처럼 여기고, 불만 리뷰는 가게를 살려주는 보약이라고 관점을 바꾸는 것이다.

일일이 댓글을 다는 일이 귀찮고 짜증 나는 일이라 생각하면 정말 스트레스를 받겠지만 많고 많은 식당 중에 내 가게를 찾은 소중한 고객들에게 감사 인사를 드린다고 생각하고 즐거운 마음으로 댓글을 달아보자. 고객의 안부도 묻고 새로운 메뉴도 홍보하고 이웃에게 편안하게 말 걸듯이 리뷰 게시판을 소통의

장, 매출 상승의 효과적인 마당으로 활용하는 지혜로운 사장이 되어보자.

진심으로 사과하고 감사하라

식당에 오는 손님 중에는 불만이 있으면 그냥 아무 말 없이 나가는 손님도 있고, 계산하면서 이물질 등이 나왔다고 조용히 말해주는 매너 있는 손님도 있고, 진상을 부리는 손님도 있다.

배달 음식점도 이와 마찬가지다. 불만이 있는 경우 아무 말 없이 다른 식당으로 발길을 돌리는 경우가 많으며, 불만 리뷰를 작성하는 경우는 아주 드물다. 그래도 그 식당이 발전하고 더 나아지길 바라는 마음으로 문제점을 알려주는 고객도 있는데 그만큼 식당에 애정이 있다는 뜻이다. 식당이 더 발전하길 바라는 좋은 의도를 가진 손님이다.

손님의 불만 리뷰를 귀찮아하거나 짜증스러워하기보다는 식당 발전의 기회로 생각해야 한다. 그러니 감정적으로 반응하면 귀한 단골을 놓칠 수가 있으므로 고객의 조언에 귀를 기울이고 소중한 의견을 주셔서 감사하다고 댓글을 달자.

손님 중에 항상 예의 바르게 맛있게 잘 먹었다며 응원의 댓글을 달아주는 고객이 있었다. 너무나 예의 바르고 잘 먹었다는 인사를 정중하게 하고 다른 손님들이 맛없다는 리뷰를 올리면 보란 듯이 너무 맛있다고 응원 댓글을 올려주는 고마운 고객이었다. 리뷰 댓글에 새 샵인샵 가게를 오픈했다며 알려주었는데 바로 다음날 그 고객의 비밀 리뷰가 올라왔다. 오픈 초기라 안 좋은 댓글이 올라오면 심한 타격이 오는 상황이었다.

밥잘먹는공주 >

★★★★★

사장님! 다른 손님들이 볼까 봐 비밀 리뷰 올려요.
오픈 초기라 평점 관리 너무 중요하고 신경도 많이 쓰이실 건데 싶어서요. 상추에 보시다시피 벌레가 있네요.
저는 그 상추만 버리고 정말 맛있게 먹었어요.
다른 손님들한테 나갈 때 조심하시라고 말씀드려요.
늘 맛있게 먹고 있는 저의 최애 식당이 더욱 번창하기를 바랍니다.

평점은 5점인데 상추에 벌레가 있다는 비밀 사진 리뷰였다. 손님들이 가장 싫어하는 것이 음식에 이물질이 나오는 것이고 그중에서도 벌레가 나오는 걸 가장 싫어한다. 오픈 초기인데 가게에 지장이 있을까 봐 비밀 리뷰로 올린다고 했다.

진심을 담아 감사하다는 댓글을 달고 너무 고마워서 보쌈 소자를 감사의 선물로 일부러 배차를 잡아서 선물했다. 그 고객은 변함없이 항상 좋은 리뷰로 우리 식당을 응원해주었다. 다른 손님이 악성 리뷰를 쓰면 일부러 응원 리뷰를 달아주기도 했다. 이사 갈 때도 이사 간다며 마지막 인사를 리뷰로 올려주었다. 정말 기억에 남는 단골이자 최고의 고객이었다.

리뷰 게시판이 사람 사이의 정을 나누는 공간임을 느끼게 해준 귀하고 멋진 경험이었다. 그 고객을 통해서 사장님 댓글의 중요성을 다시 한번 느꼈다. 진심의 힘은 그 어떤 것보다 강하다는 사실을 깨닫게 해준 일이다.

불만 리뷰에 신속하게 대응하라

불만 리뷰를 오래 방치하면 가게에 대한 이미지도 나빠진다. 당장 그날의 매출이 눈에 보이게 추락한다. 식당 측에서 실수한 경우가 아닌데 고객이 오해해서 악성 리뷰를 달아놓았는데 대응하지 않으면 거짓이 사실이 될 수가 있고 가게에 대한 이미지가 나빠지고 매출에도 큰 타격을 입는다. 되도록 신속하게 해명을 하거나 사과를 하는 것이 좋다. 신속한 해명으로 고객의 오해를 풀어주고 식당이 실수한 부분은 신속하게 사과를 하면 처음 들어온 신규 고객에게 나쁜 첫인상을 주는 일도 막을 수 있다.

감정적인 사장님 댓글은 무슨 일이 있어도 달지 말라

온종일 파김치가 될 정도로 일하고 퇴근할 무렵에 발견한 한 줄의 악성 리뷰에 소위 말해서 멘붕이 일어날 때가 많다. 코로나로 힘든 시기에 식당을 살리기 위해 목숨 걸다시피 일하고 퇴근했는데 심한 악성 리뷰와 평점 테러를 마주하면 지옥을 맛보는 기분이 든다. 더군다나 아침에 일어나자마자 악성 리뷰를 확인하면 하루를 힘차게 시작하려던 각오도 사라지고 순식간에 절망의 나락으로 떨어진다. 일할 의욕마저 사라지게 된다.

분노가 솟구친 상태에서 악성 리뷰에 감정적인 댓글을 달게 되면 손해를 보는 것은 업주다. 손님들은 식당의 음식 맛도 중요하게 생각하지만 사장의 친절도 중요하게 생각한다. 그런데 사장이 아주 속 좁고 성격이 안 좋다는 인상을 풍기면 음식 맛이 좋아도 발길을 돌리게 된다. 아무리 속이 상하고 분노가 치밀어 올라도 감정적인 상태에서는 댓글을 달아선 안 된다.

특히 밤에는 불만 리뷰에 댓글 다는 것은 자제하도록 하자. 밤이 되면 이성적이기보다는 감정적으로 변하기 마련이다. 밤에 사장님 댓글을 달면 감정적으로 치우치기 쉽고 싸움이 일어난다. 손님과 댓글로 싸우다 보면 충분히 잠을 자지 못해 그다음 날 장사에도 큰 지장을 준다.

가게에 마이너스가 되는 사장님 댓글을 달지 말라

고객의 좋은 리뷰에 약간 길게 사장님 댓글을 달면 읽기 귀찮아하는 고객도 있지만 대부분은 정성이 담겨 있다고 좋아하는 편이다. 하지만 불만 리뷰에 너무 길고 장황하게 댓글을 달면 핑계를 대는 것으로 보인다. 식당의 실수가 분명하다면 "죄송합니다. 다음번에는 더 신경 쓰고 더 나아지는 식당이 되겠습니다."라고 하자. 이렇게 불만 리뷰에는 진솔하고 간결하게 사과하면 된다.

고객의 감정을 상하게 만들어서 좋을 건 하나도 없다. 댓글을 너무 길게 감정적으로 달다 보면 고객과 싸움이 크게 일어나 일차 이차 댓글이 길게 달린다. 댓글 싸움이 벌어지면 피해를 보는 사람은 사장이다. 내 발등을 찍는 우는 범하지 말자. 고객의 감정을 상하게 만들지는 말자.

어느 배달 식당에서 있었던 일이다. 엄연히 야채 추가 메뉴가 있는데도 손님이 요청 사항으로 야채를 더 달라고 하였다. 그래서 손님에게 야채를 더 주었는데도 리뷰에는 왜 상한 야채를 주느냐는 악성 리뷰와 함께 사진이 올라왔다. 상한 야채가 들어간 건 우연한 실수일 뿐이었는데 고객은 식당 주인이 주기 싫어서 일부러 상한 것을 준 것으로 오해를 한 거였다. 업주 측에서는 서비스 주고도 욕을 먹으니 얼마나 화가 나겠는가. 화가 난 업주가 사과하면서 그 야채는 더 달라 해서 서비스로 드린 건데 야채 더 필요하면 추가 선택 메뉴가 있다고 안내하는 댓글을 달았다. 그랬더니 그 손님은 자신을 무슨 거지 취급하냐고, 가만있지 않겠다고, 식당 문 닫게 하겠다는 둥 난리를 피웠다고 한다.

고객이 불만을 제기할 때 일단 핑계를 대지 말고 인정할 건 인정하고 사과할 건 사과해야 한다. 식당에서 한 실수를 인정하지 않고 변명을 하는 것은 가게에 대한 인상을 나쁘게 만든다. 고객이 오해하거나 모르고 문제 제기한 부분에 대해 사실만 이야기하자. 고객을 심하게 잘못했다고 몰아세우거나 고객 탓을 하는 듯한 느낌을 풍기는 댓글을 달아서는 안 된다.

고객들 중에는 아주 사소한 일에도 사나운 맹수를 잘못 건드린 것처럼 광분하는 진상 고객들이 있다. 업소에 막대한 피해를 주는 이상한 진상 고객들도 있으니 조심하는 게 수다. 우리 식당 음식은 최고인데 문제가 있다고 말하는 고객이 더 이상하고 문제라는 식으로 댓글을 달면 절대 안 된다.

악성 리뷰에 대해 경쟁 업소를 의심하는 것도 가게에 대한 인상을 나쁘게 만든다. 음식에 문제가 있다고 하는 고객의 리뷰를 경쟁 업소라고 몰아세우는 것은 제 살 깎아 먹는 일이다.

댓글을 달 때 주문자의 지역이나 개인적인 내용을 댓글에 넣으면 안 된다. 사장님 댓글에 업주가 자신이 사는 동네를 적었다고 배달앱 고객센터에 신고해 주의를 받게 만드는 뒤끝 있는 고객도 있다.

프로불편러, 프로악플러의 미끼를 물지 말자

이상하게 한국 사회에는 고객은 왕이라는 잘못된 생각이 만연해 있다. 이런 잘못된 생각이 블랙컨슈머를 양산해내고 있다.

블랙컨슈머나 악플러들이 마음 놓고 악성 리뷰를 달 수 있는 것은 익명성 때문이다. 자신의 본명은 숨기고 닉네임 뒤에 가면을 쓰고 숨어 마구 악성 리뷰를 다는 사람들이 악플러다. 실명으로 리뷰를 달게 만든다면 이런 악플러들의 리뷰 갑질도 줄어들 수 있을 것이다.

악플도 쉽게 삭제할 수 있도록 하고, 리뷰 실명제를 시행하면 악성 리뷰 때문에 받는 업주의 고통도 줄어들 텐데 왜 배달앱은 이렇게 하지 못하는 것일까. 그것은 주문 고객들의 이탈을 막기 위함일 것이다. 배달앱은 업주의 편이 아니라 철저하게 음식을 주문하는 고객들 편이다. 업주들은 배달앱, 특히 배민 앱을 탈퇴하는 것은 생계를 걸어야 하는 일이기 때문에 쉽사리 탈퇴를 못 하지만 고객들은 언제든 다른 배달앱으로 옮길 수 있다. 그래서 더 많은 고객을 붙잡아 두기 위해서 악플 삭제도 않고 리뷰 실명제도 안 하는 것이다.

고객들에게 배달앱이 인기 있는 이유는 편리함도 있지만, 익명성 뒤에서 식당의 음식을 리뷰나 별점으로 평가하는 데서 오는 우월감과 즐거움을 마음껏 누리게 해주기 때문인지도 모른다. 마치 음식 전문가라도 된 마냥, 이것도 음식이냐고, 음식의 기본도 모른다며 식당 업주들에게 트집 잡고 훈수를 두는 데서 즐거움을 누리는, 고약한 취미를 가진 고객들도 많다. 일종의 권력의 달콤한 맛, 고객이 왕이라는 즐거움을 마음껏 누리게 해주는 것이 바로 배달앱의 평점과 리뷰 시스템이 아닐까?

정도가 지나친 악플러들은 밑도 끝도 없이 악성 리뷰를 다는 것으로 자신이 살아있다는 증명을 하고 싶어 한다. 그들은 자신이 마치 세계 제일의 쉐프라도 된 것처럼 식당 업주들을 내려다보면서 훈수를 두고 기분 나쁜 말투로 가르치려 든다. TV에 나오는 골목식당 백종원 코스프레를 하면서 한 수 가르치려 드는 고객을 보면 나름 음식업에 깊은 자부심이 있는 업주들은 울화가 치민다. 그렇다고 악성 리뷰에 기분이 상해 일일이 대거리하면 나만 손해다. 그들은 어디에서나 한 수 가르치려 들고 악성 리뷰를 달기 때문에 그냥 "의견 감사합니다." 하고 무시하고 넘어가면 된다.

트집을 잡는 악플러에게는 그냥 쿨하게 대응하는 것이 좋다. "고객님 더 신경 쓰겠습니다." 그냥 이 한마디만 하고 넘기거나 무시하라. 악플러들은 사장이 감정적으로 대응하기만을 기다린다. 트집을 잡고 끝없이 말꼬리를 물고 늘어지고 리뷰 게시판을 엉망으로 만든다. 결국 심하게 상처를 입는 사람은 사장이다. 악플러와는 말을 안 섞는 것이 최선책이다.

말도 안 되는 평점 테러에도 익숙해져야 한다

배달 음식점을 하려면 일단 멘탈이 강해야 한다. 요즘은 프로불편러들이 너무나 많다. 별별 고객이 다 있다. 세상은 넓고 이상한 사람은 많다. 상식을 뛰어넘는 사람들, 소위 말해서 정신 상태가 아주 이상한 몰상식한 고객들도 많다. 정말 말도 안 되는 이유로 1점을 주는 경우가 허다하다.

리뷰 서비스를 안 줘서 1점,

얼음이 녹았다고 1점,

짜다고 1점,

맵다고 1점,

안 매워서 1점,

싱거워서 1점,

배달 시간 5분 늦었다고 1점,

너무 빨리 왔다고 1점,

너무 뜨거워서 손가락 뎄다고 1점,

면이 안 풀린다고 1점,

젓가락 안 왔다고 1점,

뜯개칼 안 줬다고 1점,

1회용품 안 쓴다고 했는데 젓가락 줬다고 1점,

배달원이 인사도 안 하고 가서 1점,

배달원이 기분 나쁜 표정이라 1점,

전화 응대 불친절하다고 1점,

아무런 이유 없이 달랑 별만 1점일 때,

업주들은 억울하고 분노가 솟는다.

익명성 뒤에 숨어 마구잡이로 평점 테러를 하는 고객들은 리뷰를 권력인 줄 알고 평점 테러로 갑질을 한다. 자기 기분 나쁘다고 트집 잡아서 평점 테러를 하면 부처님도 아마 화병이 나지 않을까 싶다. 진상 고객들의 별점 테러에 미친개가 짖는구나 하고 그냥 넘기고 익숙해져야 한다. 이런 진상 손님들에게는 욕도 아깝고 시간을 쓰는 것도 아깝다고 생각하자.

아래 리뷰 예시는 프로불편러들, 진상 손님들이 정말 이유

같지 않은 이유로 악성 리뷰를 달거나 평점 테러를 한 예시다. 말도 안 되는 이유로 평점 테러를 하는 손님들이 있으니 마음의 준비를 하는 것이 좋다는 의미로 아래의 예시를 들었다.

◇ 별 1점 평점 테러 리뷰 예시 ◇

★★★★★ 메뉴 사진이랑 실제로 오는 거랑 달라서 실망했습니다.

★★★★★ 리뷰서비스 신청했는데 안 왔어요.

★★★★★ 쌈 채소 많이 달라 했는데 달랑 상추 세 장, 깻잎 세 장, 그게 그렇게 아깝습니까?
이렇게 야박한 식당 처음 보네.

★★★★★ 맛없

★★★★★ 잘 먹었습니다.

★★★★★ 고기가 기름이 많고 계란찜이 찌그러져서 왔어요.
다음엔 김치찌개 먹어볼게요.

★★★★★ 밥이랑 고기랑 다 식어서 왔구요. 된장은 먹다가 짜서 버렸습니다.

★★★★★ 반찬이 안 옴.

★★★★★ 일주일 전에는 맛있게 먹었는데 이번엔 백김치로 김치찌개 끓인 느낌. 다시는 주문하고 싶지 않음.

★★★★★ 삼겹살 리뷰 서비스 김치찌개 전부 누린내 남. 가격이 싼 데는 이유가 있군 껄껄.

★★★★★ 배달 기사분 뭔가요. 창문에 두고 갑니다 문 두들기고. 고기는 냄새 나고 고기 상태 완전 별로네요. 막국수는 너무 맵고 다음에는 안 시킬 듯.

★★★★★ 배달이 10분이나 늦었어요.

★★★★★ 오돌뼈가 많아서 먹기 불편해요.

★★★★★ 그저 그런 맛

★★★★★ 맛있어요.

★★★★★ 김치찌개에 김치가 안 잘라져 있음.

★★★★★ 일회용 수저 안 옴.

★★★★★ 음료수 안 옴. 고기양도 밥양도 개적음. 어쭙잖은 후식 서비스 같은 거 줄 생각이나 말고 기본에나 충실하심이 어떨지.

★★★★★ 리뷰가 좋아서 시켰는데 완전 실망

이밖에도 아무런 리뷰 댓글 하나 없이 별점 한 개나 두 개 달랑 달아놓은 리뷰도 있다. 맛있어요, 해놓고 별점 한 개를 주는 고객도 있다. 이런 고객들 중에는 별 점 표시를 잘못한 고객도 있을 수 있으니 혹시 별 체크 잘못한 게 아닌지, 잘못한 거라면 수정 부탁드린다고 정중하게 요구를 해보자. 간혹 실수로 별 체크를 잘못한 고객은 고쳐주기도 한다.

배달의 정글에서 살아남기

악성 리뷰가 안 달리도록 미리 예방하자

정성스런 쪽지로 고객이 좋은 리뷰를 달도록 분위기를 미리 조성하자

심리학에 '거울 효과'라는 용어가 있다. 내가 웃으면 상대방도 나를 보고 웃어주고 내가 찡그리면 상대방도 거울처럼 찡그린다는 말이다. 식당 주인과 고객도 마찬가지다. 식당 주인이 손님에게 당신은 정말 최고의 고객, 인성도 멋진 훌륭한 고객이라는 역할을 맡기고 우호적인 분위기를 조성해보자. 가장 좋은 방법은 음식을 포장할 때 간단하고 정성스러운 쪽지를 적어서 보내는 것이다.

"고객님 감사드려요. 맛있게 드시고 건강하시고 최고로 행복하세요. 예쁜 별 다섯 개도 부탁드려요."

"고객님 예쁜 별 다섯 개와 칭찬의 리뷰 서비스 미리 드려요. 감사합니다."

"맛있게 드시는 분은 복이 왕창 들어온답니다."

"뜨거우니 뜯을 때 조심하세요."

"밥은 보약! 고객님 바쁘시더라도 식사 잘 챙겨 드세요."

"밥은 사랑입니다. 고객님 감사드려요. 맛있게 드시고 오늘도 최고의 하루 보내세요."

"밥은 행복! 감사드려요. 활기차고 신나는 하루 보내셔요."

"고객님 다음에는 닉네임 꼭 적어주시고 리뷰 참여 부탁드립니다. 맛있게 드시고 별 다섯 개의 좋은 리뷰로 응원 부탁드려요."

손 글씨 쪽지에 귀여운 캐릭터나 스마일 캐릭터를 그려넣는 것도 좋은 방법이다. 따스한 음식 위에 붙은 이런 손 글씨 쪽지를 받은 고객이라면 적어도 평점 테러를 하거나 악성 리뷰를 달지는 않을 것이다. 물론 예외는 항상 있지만 선한 부담을 주는 것이 필요하다.

고객이 만약 안 좋은 리뷰를 달았다고 해도 감정적인 댓글은 쓰지 않도록 조심하자. 정중하게 예의 바르게 대응하다 보면 그 고객도 나중에는 미안해져서 좋은 리뷰를 달게 된다.

악성 리뷰가 안 달리도록 식당의 실수를 줄이는 매뉴얼을 만들자

불만 리뷰에서 가장 큰 비중을 차지하는 것이 식당의 실수다. 주방의 조리 실수, 이물질, 포장 실수, 배달 실수 등이다.

악성 리뷰가 달리고 나서 대응을 하면 업주로서는 손해가 크다. 병에 걸리고 나서 병을 치료하기보다는 미리 예방하는 것이 더 낫지 않겠는가. 아예 처음부터 악성 리뷰가 달릴 소지를 줄이는 게 상책이다.

일단 손님이 식당의 실수에 대해 불만을 제기할 소지부터 줄이자. 식당에서 가장 많은 실수는 바로 포장 실수이다. 포장하다 수저 하나, 뜰개칼 하나라도 빠뜨리면 손님은 화가 나기 마련이다. 곧바로 아주 심한 악성 리뷰가 달리는 경우가 많다. 특히 메뉴가 복잡하고 반찬 가짓수가 많은 한식은 포장할 음식의 종류가 많고 주문 콜이 많으면 헷갈려 실수할 수가 있다. 포장하고 있는데 고객으로부터 전화까지 걸려 오면 더 헷갈려 실수하게 된다. 아무리 바빠도 순서를 정해서 차분히 포장하고 포장 항목을 하나하나 체크해서 빠진 게 없도록 해야 한다.

식당에서는 위생이 가장 중요하다. 주방에서는 음식에 이물질이 들어가는 것을 최대한 조심해야만 한다. 맛있게 식사를 하려고 주문을 했는데 음식에 이물질이 들어가 있으면 얼마나 불쾌한가. 벌레나 머리카락, 다른 이물질이 음식에 들어간 사진 리뷰가 올라오면 그날 매출은 완전히 추락하고 가게 이미지도 나빠진다. 주방 직원들은 철저히 머리카락 단속을 해야 한다.

하루는 김치찌개를 주문한 손님의 심한 악성 리뷰가 연거푸 올라왔다. 어젯밤에 맛있게 먹었다고 리뷰를 쓴 손님이 리뷰를 수정해서 평점 1점에 시커먼 이물질이 올라온 사진 리뷰를 올렸다. 그뿐만 아니라 바로 두 시간 뒤에 또 김치찌개에 이물질이 들어간 사진이 올라왔다. 주방 직원이 김치를 볶다가 태웠는데 그대로 김치찌개로 끓여서 생긴 일이었다. 다시는 이런 일이 생기지 않도록 조심하겠다고 진심으로 사과했지만, 그날 김치찌개 매출은 바닥을 쳤다.

배달을 시작하고 얼마 안 되어 음식에 이물질이 들어간 사진이 리뷰에 올라오면 평점도 제자리고 매출도 늘지 않는다. 배달 시작한 지 얼마 안 되어서 올라오는 이물질 관련 불만 리뷰는 가게 운영에 아주 치명적이다. 음식점은 위생이 가장 중요한데 이물질이 나온 사진 리뷰가 올라오면 가게 운영에 큰 타격을 입게 된다. 어떤 일이 있어도 이물질이 안 들어가도록 철저하게 음식 관리를 해야 한다.

고객은 왕이라는 생각이 만연해서인지 고객들은 자신을 극진하게 대접해주는 식당을 좋아한다. 고객들은 요청 사항에 대해 민감하다. 요청 사항을 빠뜨리는 실수를 하게 되면 식당으로부터 무시당했다는 생각을 하는 고객도 있다. 특히 고객은 왕이라는 생각이 강한 진상 손님들은 요청 사항대로 안 해주면 심한 악성 리뷰로 식당에 큰 피해를 준다. 고객의 사소한 요청 사항도 주의해서 보도록 해야 한다.

"된장찌개에 꽃게 빼고 땡초 넣어주세요." 하는 요청 사항을 적은 고객이 있었다. 그런데 '된장찌개 빼주세요'로 잘못 읽고 된장찌개를 뺀 채 고객에게 배달해 곧바로 고객의 심한 항의 전화를 받고 찌갯값을 환불해준 적이 있었다. 요청 사항을 꼼꼼히 읽지 않으면 이런 엉뚱한 실수도 하게 된다.

터무니없고 무리한 요청 사항은 들어줄 수 없지만, 고추 마늘 조금 더 달라거나 반찬 조금 더 부탁한다는 요청 사항은 고객 관리나 서비스 차원에서 되도록 들어주는 게 좋다. 요청 사항을 놓친 채 배달을 하게 되면 손님들은 대부분 요청 사항은 무시하네요, 요청 사항은 안 보는가 봐요, 하며 불만 리뷰를 쓰곤 한다. 자신이 얼마나 무리하고 무례한 요구를 했는지 생각지도 않고 요청 사항을 놓쳤다고 평점 테러를 하는 고객도 있다.

배달 요청 사항도 잘 보자. 배달 기사의 실수도 미리 예방할 수 있도록 해야 한다. 고객들은 전적으로 배달 기사가 잘못하더라도 리뷰 게시판에 불만 리뷰를 올린다. 아기가 깬다고 초인종 누르지 말라고 했는데 초인종을 눌렀다든지, 문 앞에 두고 문자 달라는 요청을 잘못 보았다든지 하면 어김없이 악성 리뷰가 올라온다. 심지어 기사가 조금 불친절했다고 욕설이 들어간 리뷰를 올려서 리뷰가 차단된 고객도 있다. 특히나 요즘은 한글을 잘 못 읽는 외국인 기사들이 많다. 외국인 기사들이 요청 사항을 못 읽고 실수를 하는 일도 허다하다.

업주로서는 기사의 잘못인데 평점 테러도 당하고 욕을 먹으면 억울하기 짝이 없다. 틈날 때마다 기사들에게 배달 요청 사항을 잘 읽고 지켜달라 하고 주문서에다 빨간 줄까지 치면서 부탁을 하자. 그리고 배달 관련 불만 리뷰가 올라오면 배달 대행 업체 사장에게도 바로바로 전달해서 기사 교육해달라고 요청해야 기사들의 배달 실수를 줄일 수 있다.

아래는 고객들의 불만 리뷰에서 자주 거론되는 문제들을 뽑아서 매뉴얼화한 것이다. 이 매뉴얼을 포장하는 곳, 주방 입구, 배달 기사들이 잘 보는 장소에 붙여놓도록 하자. 늘 확인하고 실수를 줄여나가면 불만 리뷰를 줄일 수 있다.

포장할 때 주의 사항

1. 요청 사항 잘 확인하기
2. 요청 사항대로만 해주기
3. 수저, 뜯개칼 철저히 챙길 것
4. 리뷰 서비스 품목 정확한지 확인하고 포장하기
5. 배달이 밀릴 때는 순서대로 포장
6. 새우젓 쌈장 소스 빠졌는지 확인하기. 새우젓에 이물질 안 들어가게 포장
7. 포장이 안 새는지 확인하기. 깍두기 포장 뚜껑 잘 닫았는지 확인
8. 비오는 날 배차 늦어지면 고객에게 미리 전화하기
9. 고기 추가했다고 메모해주기
10. 빠진 게 있으면 고객에게 전화해 다시 갖다줄 것(죄송하다는 메모와 함께 음료수 서비스로 넣어주기). 환불 요청하면 환불해줄 것
11. 배달 기사에게 배달 요청 사항 꼼꼼히 알려주기(특히 외국인 기사)
12. 급한 배차이거나 배차가 안 잡힐 때 대행사에 전화해 배차 급하게 잡아달라고 부탁하기
13. 고객에게 항의 전화 오면 당황하지 말고 일단 사과부터 먼저 하기

배달 음식 조리 시 주의 사항

1. 보쌈 고기 살코기와 비계 비율 적당하게 썰어주기
2. 보쌈 고기 얇게 썰어서 예쁘게 담기
3. 보쌈 김치 양념 골고루 잘 바르기
4. 꼬막 비빔밥 안 짜게 양념 알맞게 넣기
5. 주방 모자 쓰고 이물질 안 들어가게 조심하기. 뚜껑 잘 닫기(머리카락, 철 수세미, 벌레, 비닐, 고무 등)
6. 찌개 고기 쓸 분량만 내놓고 덜어서 쓰기(많이 내놓으면 고기 냄새남)
7. 보쌈 데우는 시간 정확히 지키기(렌지에서 오래 돌리면 딱딱해지고 질겨짐)
8. 꼬막 비린내 나는지 맛보고 조리하기
9. 보쌈 김치 짜게 절여졌는지 간 확인하기
10. 고기양 저울에 달아서 정확히 주기
11. 김치 너무 시거나 짜거나 싱겁지 않게 맛 확인
12. 고기 잡내 나는지 항상 맛보기
13. 돼지껍데기 누린내 확인하기
14. 계란찜, 고추장불고기, 찌개 등 음식 맛, 간 상태 확인하기
15. 고기 구울 때 바짝 익히거나 설익지 않도록 잘 굽기
16. 고기와 김치 먹기 좋게 알맞은 크기로 자르기

배달 기사님께 요청드립니다

1. 주문이 밀려 있을 때는 자리에 앉아서 기다려주세요.(직원에게 포장 다 되었냐고 재촉하시면 헷갈려서 포장 실수가 많아집니다.)
2. 바빠도 배달 기사님 요청 사항 꼭 확인해주세요.(벨 누르지 않기, 문자하기, 문 앞에 두고 문자하기, 현장 결제, 아기가 있으니 벨 누르지 마세요, 출발 5분 전 전화나 문자 등)
3. 빠진 음식 배달 시 다른 식당 픽업하지 말고 바로 배달 부탁드립니다.
4. 배달 박스에 음식을 우겨넣어서 포장이 터지는 일이 없게 조심해 주세요.(국밥이나 계란찜, 찌개가 터지거나 깍두기 국물이 새는 경우가 있습니다.)
5. 주소 확인 잘 해서 딴 곳에 음식을 배달하는 일이 없도록 하세요.

악성 리뷰로 매출 타격이 심할 때는 리뷰 게시중단을 요청하자

악성 리뷰가 올라오면 리뷰 게시중단 신청하기

주문 순위가 하위권인 식당을 방문해보면 몇 달 전에 쓴 별 1점짜리 악성 리뷰 맨 위에 노출되어 있는 경우가 많다. 그 악성 리뷰 하나 때문에 매출이 크게 추락하고 식당이 문을 닫을 지경이 된 것이다.

신규 고객들의 주문에 가장 큰 영향을 주는 것은 리뷰와 평점인데 평점이 낮은 악성 리뷰가 최상단에 올라와 있으면 고객들은 당연히 주문을 꺼리고 다른 가게로 발길을 돌리게 마련이다.

악성 리뷰 하나 때문에 매출이 뚝뚝 떨어지는 걸 그냥 지켜보고 있어야만 하는 업주는 속이 타들어간다. 리뷰는 게시한 고객만 지울 수 있기 때문에 업주들은 아무리 악플 때문에 괴로워도 속수무책으로 당할 수밖에 없는 노릇이다. 음식물을 쓰레기통에 버리는 사진이 올라와도, 가게에 막대한 피해를 주는 허위 리뷰와 비난 댓글이 올라와도 업주들은 리뷰를 삭제할 권한이 없다.

배달앱 측에서는 고객의 리뷰는 개인의 저작물이어서 욕설이나 개인정보 노출 이외에는 삭제가 되지 않는다고 한다. 배달앱 측에서는 고객의 리뷰는 온라인상의 저작물로 취급되기 때문에 리뷰의 처리는 정보통신망법에 따라야 한다는 입장이다. 악성 사용자의 앱 이용 제한 조치에 대해서도 악성 리뷰를 단다고 해서 소비자의 앱 접근 자체를 제한할 수 없다고 한다.

완전히 악성 리뷰를 삭제하고 싶으면 방송통신위원회에 제소하라고 하는데 장사에 바쁜 업주들이 리뷰 하나로 방송통신위원회에 제소하긴 현실적으로 힘든 게 사실이다.

배달앱에서는 악성 리뷰와 평점 테러에 시달리는 업체 사장을 보호해주는 장치가 크게 없다.

악플 때문에 업주들이 얼마나 피눈물을 흘리는지 알면서도 배달앱에서는 고객 본인 외에는 리뷰를 삭제할 수 없으며, 삭제 여부는 개인의 자유라고 한다. 욕설이나 개인정보 침해를 한 게 아니라면 배달앱에서도 차단할 권한이 없다는 말만 되풀이한다. 업주들도 고객인데 철저하게 음식을 주문하는 고객들의 편만 든다. 배달앱의 이런 태도가 리뷰 갑질을 양산하는 구조적인 원인이라고 할 수 있다.

요즘 리뷰 갑질 문제가 심각한 사회문제가 되고 있다. 얼마 전에는 리뷰 갑질 사건으로 점주가 사망한 일도 있었고, 음식에 이물질이 들어간 고객의 사진 리뷰로 인해 피해를 본 점주의 사연이 뉴스에 오르내린 적도 있었다.

리뷰 갑질 때문에 피해를 보는 업주들이 늘어나고 리뷰가 사회문제가 되자 배달의민족도 '리뷰 게시중단' 제도를 시행하고 있다. 업주가 악성 리뷰 때문에 피해를 본다면 리뷰 게시중단 신고(권리침해신고서 접수)를 할 수 있다.

'게시중단 신고서'가 접수되면 해당 리뷰는 30일간 블라인드 처리된다. 리뷰에 비속어나 거짓, 과장, 주문과 관련 없는 내용 등이 담기거나 명예훼손, 근거 없는 비방 등의 내용이 포함된 것으로 확인될 경우 사안에 따라 주의를 주기도 하고 게시물이 차단되기도 한다.

악성 리뷰로 인해 피해를 보지 말고, 심한 악성 리뷰가 올라오면 일단 악성 리뷰 게시중단 요청을 해보자. 심한 악성 리뷰 때문에 신경이 쓰여 장사에 집중하기도 힘들고 매출이 하락하면 업주만 손해다. 게시중단 절차를 밟는 동안에도 당장 매출에 지장을 받게 된다. 그 시간 동안 사장님 댓글로 해명 글을 작성해두어야 다른 손님들에게 오해받는 일을 막을 수 있다.

게시중단 요청 사유를 적어 요청하면 배달앱에서는 허위 리뷰라고 판단되면 블라인드 처리를 30일 정도 해준다. 배달앱은 업주가 게시중단 신청을 하면 해당 업주의 의견을 리뷰 작성자에게 전달해 삭제 또는 수정 의사가 있는지를 확인한다. 리뷰 작성자가 30일 이내에 삭제하겠다는 회신이 없는 경우 해당 리뷰를 블라인드 처리해두었다가 다시 한 달 뒤에는 게시한다. 리뷰 작성자가 삭제 또는 수정 의사가 없으면 해당 리뷰는 계속 공개되고 평점도 그대로다.

악성 리뷰가 올라왔을 때 그냥 내버려 두지 말고 게시중단 제도를 적극적으로 활용하도록 하자. 비록 30일 동안만 차단되긴 하지만 악성 리뷰가 상단에 노출되는 것을 막는 것만으로도 매출 추락을 막을 수 있다. 악성 리뷰로 인한 매출 하락은 리뷰 게시중단으로 적극적으로 막아내도록 해야 한다.

배민 리뷰 게시중단 요청 시 주의할 점

배달을 시작하고 나서 가장 골치를 앓은 일은 악성 리뷰였다. 음식에 문제가 있다면서 환불을 요구하는 고객과 실랑이를 벌이다가 리뷰로 올리겠다는 말에 그냥 환불해준 적도 있었다. 배민 리뷰 게시중단 제도가 있다는 것을 몰랐을 때는 악성 리뷰 하나가 올라오면 하루 종일 악성 리뷰 때문에 다른 일을 하기 힘들 정도였다. 리뷰 게시중단 신청 제도가 있다는 걸 알고 나서 일단 신청서를 작성해 부치긴 했는데 서류 작성을 잘못해서 몇 번이나 반려된 끝에 신청한 지 4일 만에 리뷰 게시중단을 한 적도 있다.

게시중단 신청서는 한 번에 처리될 수 있도록 신청서를 잘 작성해야 한다. 신청서만 부치면 바로 게시중단을 해주는 것이 아니다. 신청서 양식에 맞게 정확하게 기재를 하고 신분증 사본도 마스킹 처리를 해서 같이 부쳐야 한다.

게시중단 신청서 작성 시 주의 사항은 다음과 같다.

배민 고객상담 센터에 일단 전화를 걸어서 리뷰 게시중단을 하겠다고 하면 이메일로 리뷰 게시중단 신청서를 보내준다. 이때 처음 배민에 등록된 업주의 이메일로 부쳐달라고 해야 한다. 만약 다른 이메일 주소를 말하면 며칠이 지나도 처리가 되지 않는다.

리뷰 게시중단 신청서를 다운받아 프린터해서 게시중단 신청서를 작성할 때 한 번에 처리되게 꼼꼼하게 작성해야 한다. 하나라도 놓치면 몇 번이나 반려된다는 점을 명심해야 한다.

'신청인 정보'란에 성명, 연락처, 생년월일과 이메일 주소를 적는다. 이메일 주소를 적을 때도 반드시 배민에 등록된 이메일 주소를 적어야 한다.

'신고 게시물'란에는 게시물 종류 중 '리뷰'에 체크 표시를 하고 작성일에는 악성 리뷰 작성 일자를 적고 작성자의 닉네임을 적는다. 가게명과 악성 리뷰의 내용을 그대로 적는데 리뷰 내용이 너무 길 때는 칸 안에 다 적을 수 없으므로 말줄임표로 대신하면 된다.

'신고사유'란에는 명예훼손, 초상권침해, 저작권침해, 상표권침해, 기타 항목 중에서 하나를 골라 체크를 꼭 해야 한다. 사유에는 리뷰의 내용이 식당에 어떤 피해를 주는지 구체적으로 적으면 된다. 사실과 다른 허위 리뷰로 식당에 피해를 주고 있다는 내용을 구체적으로 적으면 된다.

'안내사항'란에서는 '개인정보 수정 및 이용에 대한 안내'에 동의를 체크 표시하고 게시중단 신청서를 작성한 날짜와 성명을 적고 사인을 하면 게시중단 신청서를 제대로 작성한 것이다. 만약 체크가 한 가지라도 빠지거나 잘못 적은 게 있다면 게시중단 신청이 반려되니 꼼꼼히 작성하고 확인해야 한다.

신분증 사본은 주민등록증 사진, 성명, 생년월일, 주민번호 뒷자리 첫 번째 숫자만 제외하고 나머지는 마스킹 처리해야 한다(주민번호 뒤 6자리, 주소, 발급일자, 발급처 등은 마스킹 처리한다). 그리고 '게시중단 신청서'와 함께 이메일로 부치면 된다.

이메일까지 부쳤다고 게시중단 신청이 끝난 것은 아니다. 게시중단 신청서와 신분증 사본을 이메일로 부친 후 반드시 배민 고객센터에 전화해 게시중단 이메일을 부쳤다고 통고를 해야 게시중단 절차가 완료된다.

게시중단 신청서가 접수되었다는 이메일을 받고 나서 하루나 이틀 정도의 시간이 지나면 악성 리뷰가 리뷰 게시판에서 사라지게 된다. 빠르면 게시중단 신청서를 부친 당일에도 처리가 된다.

처음 해보면 꽤나 번거롭고 지루하고 귀찮은 절차지만 일단 게시중단 신청서류를 완벽하게 작성해서 신청하면 이미 한 두 달이 지난 악성 리뷰도 한 달 정도는 게시판에에서 사라지게 할 수도 있고 평점도 올라가는 효과가 있으니 꼭 게시중단 신청을 하도록 하자.

게시중단이 된 한 달간은 악성 리뷰의 평점도 반영되지 않는다. 평점 순위가 낮아 매출이 오르지 않는다면 악성 리뷰를 한꺼번에 게시중단 신청해서 평점을 올릴 수도 있다. 4.9 평점이던 식당이 악성 리뷰를 한꺼번에 차단해 5.0으로 평점을 올린다면 매출에 도움을 받을 수도 있다.

음식을 주문하는 고객들만 배달앱의 고객이 아니다. 배달 식당 업주도 당당한 고객이다. 배달 수수료와 광고료를 내는 배달 식당 업주들이 있어야만 배달앱이 존재할 수 있다. 우리 업주들이 게시중단이라는 고객의 권리를 당당하게 찾아야만 한다. 블랙컨슈머나 악플러들의 리뷰 갑질과 평점 테러에 속수무책으로 당하지 말고, 리뷰 게시중단 제도를 적극적으로 활용해서 매출도 올리고 악플러와의 싸움에서도 당당하게 맞서나가자. 더 이상 리뷰 협박 때문에 환불을 해주거나 억지 사과를 하지 말고 당당하게 장사를 하자.

블랙컨슈머에게 끌려다니지 말라

기업들을 상대로 악성 민원을 제기해서 환불을 요구하거나 돈을 뜯어내는 악성 고객을 블랙컨슈머라고 한다. 블랙컨슈머는 제품을 구매한 후 고의로 기업을 상대로 악성 민원을 제기해 과도한 피해보상금을 요구하고 피해를 본 것처럼 거짓으로 꾸며 기업에 큰 피해를 주는 사람들을 말한다.

기업을 상대로 돈을 뜯어내던 블랙컨슈머들은 더욱 진화해서 요즘은 배달 음식점 업주들을 악성 리뷰와 평점 테러로 괴롭히고 있다. 배달 음식점을 하다 보면 음식을 먹고 탈이 났다거나 음식에 이물질이 나왔다며 환불을 요구하는 고객들이 많다. 심지어 자기 입맛에 안 맞는다는 이유로 환불을 요구하기도 한다. 포장을 뜯다가 쏟아 화상을 입거나 이를 다치거나 배탈이 났다며 치료비를 내놓으라고 하는 사람도 있다. 근거 없는 신체적·정신적 피해를 호소하면서 보상금을 요구하는 사람도 있다. 보상금을 타낼 목적으로 일부러 음식에 이물질을 넣어 환불을 요구하는 고객들도 있다. 카드를 잃어버렸다면서 계좌로 부쳐준다고 해놓고 먹튀 하는 고객도 있다.

블랙컨슈머는 환불이나 금전적 보상을 요구하며 자신의 주장이 받아들여지지 않으면 인터넷에 사실을 유포하겠다고 협박한다. 업주들은 매출 하락과 식당 이미지 손상을 우려하여 사회적 논란이 되지 않도록 블랙컨슈머의 요구를 암묵적으로 수용하는 경우가 많은데 이로 인하여 더욱 많은 블랙컨슈머들이 활개 치고 있다.

배달 음식의 특성상 조리 과정에서 발생한 문제인지 고객이 일부러 조작했는지 구별하기가 어렵다. 사진까지 첨부된 리뷰가 올라오고 평점 테러가 일어나면 식당이 큰 피해를 본다. 그 때문에 업주들은 마음이 약해져 블랙컨슈머의 환불 요구에 응한다. 환불해줄 테니 리뷰를 삭제해달라고 매달리게 되는데 블랙컨슈머들은 이런 약점을 노리고 더 활개를 친다.

블랙컨슈머가 음식이 문제가 있다고 항의 전화를 해오더라도 당황하지 말고 차분하게 응대해야 한다. 문제가 있는 음식의 사진을 문자로 보내달라고 하거나 음식을 회수해서 조사한 다음 조처하겠다고 해야지 무조건 그들의 요구를 급히 들어주어선 안 된다.

예를 들자면 식당에는 염색한 긴 머리카락을 가진 사람이 없는데 그런 머리카락이 음식에서 나왔다고 하면 고객이 악의적인 의도로 일부러 넣었다고 의심할 수밖에 없다. 음식을 수거하면 증거를 찾을 수 있으므로 블랙컨슈머의 의도대로 해주지 않을 수 있다. 증거부터 수집하는 것이 필요하다. 식당의 조리 과정에서 들어간 건지 포장 실수로 들어간 건지 찾기 위해서라도 음식물(증거품)을 다시 수거해와야 블랙컨슈머에게 일방적으로 당하지 않을 수 있다.

블랙컨슈머는 일단 소리부터 지르고 난리를 피운다. 업주들이 시끄러워지는 걸 가장 피곤해한다는 것을 그들은 악용한다. 그들의 말을 들어주어 일단 감정을 누그러뜨리도록 만드는 게 우선이다. 말을 잘 들어주기만 해도 감정을 누그러뜨릴 수 있으며 블랙컨슈머가 무엇을 원하는지 파악하기 쉽다. 감정이 누그러지면 원하는 것이 무엇인지 물어본다. 요구하는 대로 해주지 않는다고 평점 테러를 하고 악성 리뷰를 달아도 당당하고 단호하게 사실을 정확히 알리면 손님들은 블랙컨슈머의 주장을 거르고 사장의 주장을 믿어준다. 블랙컨슈머가 악성 리뷰를 달까 봐 자꾸 요구에 응하고 환불을 해주다 보면 점점 정도가 심해진다.

일단 사실관계를 잘 파악해서 식당의 실수라면 정해놓은 기준 매뉴얼 대로 환불을 해주거나 구두로 사과를 정중히 하면 된다. 식당의 실수가 아니라 고객의 트집이거나 억지, 무리한 금전 요구라면 응하지 말아야 한다. 인터넷에 올리겠다고 블랙컨슈머가 난리를 친다면 오히려 협박죄에 해당하며, 인터넷에 허위사실을 실제로 올린다면 업무방해나 명예훼손으로 고소를 하면 된다.

무조건 고객은 왕이라며 갑질을 일삼는 이들에게 절대 굴복하지 말자. 고객은 왕이 아니라 물건을 산 대가로 서비스를 받는 사람일 뿐이다.

배달 전쟁에서 이기려면 마진을 남겨라

배달 음식점에서 가장 중요한 것은 주문 수 1등 하는 것도 아니고 맛집 랭킹 1등 하는 것도 아니다. 죽어라 고생해 매출 1등 해봐야 뭐 하겠는가. 월매출이 1억이 넘는다고 해도 남는 게 없다면 장사를 당장 그만두는 게 낫다.

1억 매출이라 해도 배달 대행비, 배달 수수료와 광고비, 인건비, 월세, 식자재비, 세금, 각종 공과금과 고정비를 제하고 나면 사장은 10원 한 푼 못 가져가고 오히려 빚만 남을 수가 있다. 죽어라 배달해서 남는 마진을 배달앱과 배달 대행비와

세금과 인건비로 다 내야 하기 때문이다.

경쟁 업소를 의식해 음식 가격을 너무 낮추거나 무리하게 배달앱 광고를 진행하고 배달 팁을 낮게 책정하거나 무료로 하면 음식 장사가 아니라 자원봉사 하는 셈이 된다. 리뷰 서비스를 무리하게 주거나 쿠폰까지 발행하면 매출은 오를지 몰라도 그에 비례해서 적자는 점점 늘어난다. 하루에 배달 주문 100콜을 받는 게 중요한 게 아니다. 100콜을 받기 위해 직원 5~6명이 달려들어 온종일 준비해야 하므로 인건비 부담이 커진다. 사장은 한 번의 휴무도 없이 일하는데 점점 적자만 늘어나는 일은 그만해야 한다.

만약 직원을 안 쓰고 부부만 일한다면 그 노동강도는 상상을 초월하고 건강마저 잃고 과로사할지도 모른다. 애꿎은 남편이나 아내에게 화풀이하고 소리 지르고 짜증 내다 보면 나중에는 가정 파탄까지 갈 수도 있다. 돈도 잃고 건강도 잃고 가정도 잃을 수도 있는 것이다.

장사하는 목적이 행복하게 잘 살기 위함인데 인격과 영혼과 모든 인간의 존엄성까지 남김없이 갈아 넣어 마진 없이 장사하는 일은 그만하도록 하자. 꼭 마진율을 계산해서 장사해야 한다. 100콜 받아서 적자를 보는 것보다는 50콜 받아서 여유롭게 장사하고 인건비 덜 쓰고 이윤을 남기는 게 현명하다.

마진이 없는 장사는 더는 해서는 안 된다. 마진이 조금이라도 남는 최소 주문금액을 정하고 배달팁 무료 같은 출혈 경쟁은 하지 말아야 살아남을 수 있다. 무슨 일이 있어도 제 살 파먹기를 하면 안 된다. 마진을 남기는 장사를 해야 배달 전쟁에서 살아남을 수 있다. 모든 장사에서도 마찬가지지만 배달 음식점에서 가장 중요한 것이 바로 마진을 조금이라도 남기는 것이다.

리뷰 먹튀를 막는 노하우

리뷰 먹튀는 배달 사장님들의 최대 고민 중의 하나다. 대부분의 배달 식당들이 리뷰 서비스 이벤트를 한다. 마진도 없는데 돈을 들여서 리뷰 서비스를 제공하는 이유는 바로 좋은 리뷰를 많이 받아 매출을 올리기 위함이다. 음식이 너무나 맛있다 해도 일부러 시간을 내서 리뷰를 올려주는 고객은 별로 없다. 그 때문에 업주들은 좋은 리뷰를 받기 위해 울며 겨자 먹기로 리뷰 서비스를 제공한다. 음료수나 사이드 음식을 리뷰 서비스로 제공하려면 천 원 내외의 비용이 소요된다. 하루에 리뷰 서비스를 30건 정도 제공한다면 한 달에 리뷰 서비스만 해도 100만 원 정도 들어간다. 문제는 이렇게 큰 돈을 들여 리뷰 서비스를 하는데 서비스 음식만 받아먹고 리뷰를 써주지도 않는 리뷰 먹튀 고객이 너무 많다는 것이다.

우리 식당도 리뷰 서비스를 받고도 리뷰를 올리지 않고 먹튀를 하는 고객이 거의 삼분의 이 정도나 되는 편이었다. 리뷰 먹튀를 방지하기 위해 "닉네임을 적어야 리뷰 서비스 드립니다."라는 공지를 게시하고 나니 먹튀가 기존보다 많이 줄어들었다. 닉네임을 적지 않고 리뷰 신청하는 고객들도 많은데 "고객님 다음 리뷰 신청 시에는 닉네임 적어주세요. 맛있게 드시고 별 다섯 개의 리뷰로 응원 부탁드려요."라는 메모를 리뷰 서비스 음식에 붙여 선한 부담을 주니 리뷰 먹튀가 점점 줄어들었다.

리뷰 서비스 음식에 메모가 붙은 걸 보면 양심이 있는 고객이라면 리뷰 서비스를 받고 먹튀를 하거나 악성 리뷰를 달거나 평점 테러를 하지는 않을 것이다. 실제로 배달을 시작하고 10개월 뒤부터 매일 쪽지를 음식에 붙이고 나서부터는 평점 테러나 악성 리뷰가 이전보다 반으로 줄어들었다. 리뷰 먹튀도 줄고 리뷰도 많이 늘었다.

밥이젤좋아 >

★★★★★

너무 맛있게 먹었어요
사장님 정말 감사합니다.
닉네임 안 적었는데 리뷰 서비스
돼지껍데기 두루치기 챙겨주셔서 너무 감사해요.
다음에는 닉네임 꼭 적을게요.
사장님 대박 나세요!!!!

배달을 부탁해 >

★★★★★

사장님 완전 맛있게 먹었어요.
양도 진짜 많고 진짜 맛있어요.
이 가격에 이렇게 맛난 음식 먹을 수 있어서
진짜 행복했어요.
닉넴 안 적었는뎅 ㅜㅜ
리뷰 음료수 감사해요.
담에 닉네임 꼭 쓸게요.

닉네임 써달라는 쪽지를 붙이자 손님들은 리뷰 서비스를 당연히 받아야 하는 서비스라기보다는 고마운 서비스로 받아들이는 분위기로 바뀌었다.

닉네임을 안 적어도 리뷰 서비스를 주면서 쪽지를 붙여주니 감사하다는 리뷰가 늘어나고 리뷰 서비스 안 준다고 평점 테러하는 고객도 없어졌다.

배달 리뷰 전쟁에서 끝까지 살아남으려면!

배달 전쟁에서 살아남기 위해서는 리뷰의 노예가 되어서는 안 된다. 평점 테러와 악성 리뷰에 너무 신경 쓰다 보면 잠도 제대로 못 자고 건강도 해친다. 행복하게 잘 살려고 장사에 뛰어들었는데 건강을 잃으면 다 잃는다. 잠자기 직전에는 되도록 리뷰를 보지 말자. 잠은 무슨 일이 있어도 편안하게 자야 한다. 좋은 컨디션으로 음식을 맛있게 만들어 고객들에게 대접해야 식당이 잘 되지 않겠는가.

리뷰가 신경 쓰여 일에 집중도 못 하고 리뷰 게시판을 자꾸

들여다본다면 장사를 제대로 할 수가 없다. 자나 깨나 리뷰 걱정이라면 리뷰의 노예가 되었다는 증거다. 악성 리뷰가 올라와도 신경 쓰지 말고 지혜롭게 대처하면 된다. 음식만 맛있다면 고객들이 언젠가는 알아준다. 진심은 통하는 법이다.

업주들을 쥐어짜는 배달앱의 노예가 되지 말자. 배달앱은 별점과 랭킹과 각종 순위로 식당 업주를 길들이고 있다. 배달 빠른 순, 배달 팁 낮은 순위까지 매긴다. 배달앱의 순위 경쟁에 휘말리다 보면 음식점의 가장 중요한 기본인 맛보다는 가격경쟁과 배달 팁 내리기, 쿠폰 발행, 과도한 리뷰 서비스 등 고객에게 퍼주기 경쟁에 내몰리게 된다. 배달앱과 배달 대행 업체만 돈 벌어주다 돈도 날리고 몸만 상하고 급기야 폐업까지 내몰리게 된다.

고객에게 음식을 만들어 배달해주고 배달앱에 수수료를 내는 배달 음식점 업주들이 없다면 배달앱은 존재할 수 없다. 주문 고객만 배달앱의 고객이 아니라 배달 식당 업주들도 당당한 고객이자 배달앱의 주인이다. 식당 업주들은 고객으로서 당당한 권리를 행사해야 한다. 고객들의 리뷰 갑질과 평점 테러로 더 이상 마음 고생하지 말고 리뷰 게시중단 제도를 적극적으로 이용하자. 악플 때문에 매출 추락이 걱정될 때는 지체 없이 바로 게시중단 신청을 해서 악성 리뷰를 차단해야 한다.

업주들의 요청으로 악성 리뷰 게시중단이 늘어나면 배달앱 고객들의 심한 평점 테러와 리뷰 갑질도 조금씩 사라질 것이다. 더 이상 권리 위에서 잠자지 말고 배달앱 고객으로서의 당당한 권리를 행사해야만 한다. 고객들이 리뷰 갑질과 평점 테러라는 칼로 공격을 한다면 업주도 리뷰 게시중단이라는 방패를 사용해서 공격을 적극적으로 막아야 한다.

장사는 도를 닦는 것보다 더 어려운 일이다. 리뷰 서비스를 빠뜨렸다고, 포장 뜯는 뜯개칼 하나 안 넣었다고 평점 테러를 하고 악성 리뷰를 쓰는 진상 고객들을 보면 울화가 치미는 게 사실이다. 진상 고객들은 조그만 실수 하나에도 장사하는 사람들을 무슨 중죄인으로 만들 때가 많다. 자신들의 분노를 악성 리뷰로 풀고 리뷰 갑질을 하는 진상 고객들을 생각하면 장사를 접고 싶은 마음이 하루에 수천 번도 더 든다. 하지만 감정적으로 대응하면 나만 손해다.

어떤 심한 악성 리뷰가 올라와도 첫째도 감정적으로 대하지 말고 둘째도 감정적으로 대하지 말고 셋째도 감정적으로 대하지 말고, 이성적으로 차분하게 대응해야 한다. 감정적으로 대응하면 내 눈을 내가 찌르고 피눈물을 흘리게 된다. 늦은 밤까지 목숨 걸고 지키고 있는 내 식당을 살리려면 이성으로 감정을 가라앉히고 차분하게 댓글을 달자! 바로 내 소중한 가족을 지키는 길이기도 하다.

악플러의 악성 리뷰는 지나가는 미친개가 짖는 거라 여기고 무시하면 된다. 시간이 조금만 지나면 좋은 손님들이 악성 리뷰를 덮어준다.

배달업 초기에는 평점 테러와 악플이 고문보다 더 끔직하게 느껴지게 마련이다. 하지만 1년 정도 시간이 지나면 어떤 심한 악플에도 조금은 무심해지고 초연해진다. 배달 식당 사장으로 강인하게 성장했다는 증거다. 시간이 약이다.

배달 전쟁터에서 지혜로운 '사장님 댓글'로 무장하고, 매출도 올리고 기필코 살아남자. 행복한 장사를 하자!

나오는 말

배달의 정글에서는 살아남는 것이 곧 성공이다

배달 식당을 운영하다 보면 별별 일이 다 생기고 여기가 바로 전쟁터가 아닌가 하는 생각이 든다. 즉석에서 만든 신선한 음식을 보냈는데 먹고 배탈이 났다고 우기며 환불을 요구하는 고객도 있고, 수저 하나 안 보냈다고 포장을 뜯은 음식을 식었다고 환불을 요구하는 손님도 있다. 특히나 장마철이나 폭우가 쏟아지는 날에는 배달이 늦어져 손님들로부터 심한 항의를 받기도 하고 배달이 늦었다고 실컷 만들어놓은 음식들을 주문 취소당하기도 한다.

한번은 4만 원 상당의 음식을 시킨 고객이 있었다. 카드를 차에 두고 내렸는데 친구가 차를 몰고 갔다며 계좌로 이체를 시켜주겠다고 했다. 계좌번호를 알려주었는데 다음날까지 기다려도 소식이 없었다. 아무리 전화를 걸어도 전화도 받지 않았다. 경찰에 신고까지 한다고 문자를 보내도 응답이 없었다. 결국은 배민 고객센터에 신고해서 50% 환불을 받긴 했다. 말로만 듣던 '배달 거지'에게 '배달 먹튀'를 당한 것이다. 이 일이 있고 나서는 절대 계좌로 돈을 부쳐주겠다는 고객의 말은 믿지 않게 되었다.

얼마 전 한 고객이 우리 식당에 평점 테러를 한 일이 있었다. 빠진 게 있으면 가게로 전화를 주면 되는데 평점 테러를 하고 안 좋은 리뷰를 단 사람이 다른 사람도 아니고 열성 단골 고객이었다. 우리 식당에 일주일에 한두 번은 방문하는 단골 고객이 평점 테러를 했다는 게 좀 충격적이었다. 쌈 야채도 안 주고 새우젓은 이제는 안 주는 거냐고, 부활시키라고, 쌈 야채와 새우젓이 없으면 다른 식당에 비해 퀄리티가 현저히 떨어진다고 적은 단골 고객의 불만 리뷰를 보고 반신반의했다.

고객의 닉네임을 클릭해보니 자그마치 우리 식당에 25번이나 방문한 이력이 있고, 그 고객의 리뷰에 내가 쓴 사장님 댓글도 주룩 달려 있었다. 우리 식당 음식을 사랑해주셔서 너무 감사하다고 쓴 사장님 댓글을 읽으면서 어떻게 단 한 번의 실수로 이렇게 악플을 달고 평점 테러를 할 수 있는가 싶어 그 손님에게 서운한 생각이 들었다.

쌈 야채는 한 번도 빠진 적이 없는데 포장 직원이 실수로 빠뜨렸다고, 전화하면 바로 가져다준다고 리뷰 답글을 쓰고 나서 배민 고객센터에 전화를 해서 '리뷰 게시중단 신청서'를 다운받았다.

리뷰 게시중단 사유를 적고 게시중단 신청서를 보낼까 말까 한참을 고민했다. 리뷰 게시중단을 요청한다는 의미는 '당신은 우리 식당에 오지 마세요'라는 말이다. 한두 번 온 손님이면 몰라도 자그마치 우리 식당에 25번이나 온 단골 고객을 평점 테러 한 번 했다고 내쫓으면 단골에 대한 예의가 아니라는 생각이 들었다.

그 고객의 입장이 되어보니 이 식당을 너무나 자주 이용한 단골 고객인데 업주가 리뷰 게시중단 요청을 한 걸 알면 상당히 기분이 나쁠 것 같았다. 식당 출입을 거부당한 것이나 마찬가지기 때문이다. 25번이나 찾은 단골 식당에 불만 리뷰 한 번 올렸다고 리뷰 게시중단을 당하면 그 식당에 만정이 떨어질 것 같았다.

고객 입장에서는 단골이면 더 신경 써주어야 한다고 생각하게 마련이다. 아무리 얼굴을 못 보는 배달 식당이지만 자주 주문하는 고객의 주소 정도는 외우고 있다가 뭔가 작은 감사의 표시 정도는 했어야 했는데, 한 번도 따로 서비스를 챙겨준 적이 없었다. 고객 입장에서는 단골로서의 다른 서비스를 약간은 기대했을 수도 있는데 오히려 쌈 야채와 새우젓을 빠뜨리는 실수를 했으니 기분이 많이 상해 평점 테러를 했던 모양이었다.

결국 게시중단 신청서를 부치지 않고 그 고객의 리뷰를 그대로 두고 다시 사장님 댓글을 수정해서 게시했다. 단골 고객님께 큰 실수를 했는데 앞으로 더 나은 모습 보여드리는 식당이 되겠다는 사과의 말로 리뷰 내용을 수정했다. 포장을 하는 알바 학생에게는 사소한 것부터 잘 챙기고 더 꼼꼼하게 포장하라고 주의를 주었다. 그 단골 고객의 리뷰는 게시중단 하지 않고 그대로 두고 초심을 일깨우는 채찍으로 삼기로 했다.

평점 테러를 한 고객이 다시 올 거라는 기대는 크게 없었다. 그런데 열흘 뒤, 거짓말같이 평점 테러를 한 그 단골 고객의 별 5개 리뷰가 올라와 있었다. 우리 식당에 영영 발길을 끊을 줄로만 알았는데 다시 주문을 한 것이었다. 단골 고객이 불만 고객이 되었다가 고객으로 되돌아와 준 것이다. 다시 단골이 될 거란 희망이 생긴 셈이다.

이 일로 깨달은 점은 아무리 그 식당 음식을 좋아하고 자주 주문하는 단골 고객도 언제든 식당이 실수를 하면 바로 평점 테러를 할 수 있다는 것이다. 사소한 실수 하나가 귀한 단골 고객을 잃게 만드는 큰 결과를 낳는다.

단골이라 해서 무조건 식당의 실수를 눈감아주지 않는다. 실수를 하면 일단 마음을 담아서 진심으로 사과부터 하는 게 우선이다. 진심으로 사과하면 그 고객도 언젠가 다시 단골로 돌아올 가능성이 남는다.

만약 사과도 하지 않고 리뷰 게시중단부터 했다면 그 고객은 마음이 상해서 다시는 찾지 않을 것이며, 우리 식당에 원망의 감정만 남게 될 것이다. 아무리 얼굴이 안 보이는 고객이라 하더라도 우리 식당을 사랑해준 단골 고객에 대해서는 배려와 책임감을 끝까지 가져야 한다.

음식점을 방문한 고객이라면 누구나 맛있는 음식과 좋은 서비스를 기대하기 마련이며 손해 보는 것을 싫어한다. 식당은 음식만 파는 곳이 아니라 서비스, 친절을 파는 곳임을 항상 명심해야 한다.

배달 식당은 눈에 보이지 않는 고객을 상대하는 일이기에 오프라인 식당보다 더 어렵고 힘든 점이 많다. 정말 좋은 고객들도 많지만 기분 나쁘다고 평점 테러를 하고 리뷰 갑질로 업주들을 힘들게 하는 고객도 너무나 많다. 업주 입장에서는 내 가족의 생계가 달린 일이라 불만 리뷰가 올라오면 매출이 떨어질

까 봐 전전긍긍할 수밖에 없다. 하지만 손님 입장에서는 아까운 내 돈 쓰고 맛없는 음식을 받거나 서비스 품질이 떨어지면 리뷰로 불만을 제기할 수밖에 없다.

불만 리뷰를 오히려 식당을 살릴 수 있는 보약으로 생각하자. 배달 전쟁터에서도 인정의 꽃은 피고, 사람의 온기를 느끼게 하는 멋진 고객들도 많이 있다.

코로나 위기를 뚫고 나가기 위해 배달 전쟁터에 뛰어든 식당 사장님들의 용기에 박수를 보낸다. 위기를 기회로 만드는 긍정의 정신으로 무장하고 배달의 정글을 헤쳐나가자.

정글 속에서는 살아남는 것이 바로 성공의 길이다!